ESSAI DE CLASSIFICATION NATURELLE

DES

CARACTÈRES

THÈSE POUR LE DOCTORAT

PRÉSENTÉE A LA FACULTÉ DES LETTRES DE PARIS

PAR

CH. RIBÉRY

Ancien élève de la Faculté des Lettres de Paris
Professeur au Lycée de Tourcoing

PARIS
ANCIENNE LIBRAIRIE GERMER BAILLIÈRE ET Cie
FÉLIX ALCAN, ÉDITEUR
108, Boulevard Saint-Germain, 108

1902

ESSAI DE CLASSIFICATION NATURELLE

DES

CARACTÈRES

ESSAI DE CLASSIFICATION NATURELLE

DES

CARACTÈRES

THÈSE POUR LE DOCTORAT

PRÉSENTÉE A LA FACULTÉ DES LETTRES DE PARIS

PAR

CH. RIBÉRY

Ancien élève de la Faculté des Lettres de Paris
Professeur au Lycée de Tourcoing

———

PARIS

ANCIENNE LIBRAIRIE GERMER BAILLIÈRE ET Cⁱᵉ

FÉLIX ALCAN, ÉDITEUR

108, BOULEVARD SAINT-GERMAIN, 108

—

1902

A

MONSIEUR TH. RIBOT

Directeur de la *Revue Philosophique*
Professeur honoraire de psychologie expérimentale
au Collège de France

Hommage respectueux et reconnaissant.

C. R.

INTRODUCTION

Les Classifications antérieures

INTRODUCTION

Les Classifications antérieures

> « Ceulx qui, comme porte notre usage, entreprennent d'une
> » même leçon et pareille mesure de conduite, régenter plusieurs
> » esprits de si diverses mesures et formes ; ce n'est par merveilles
> » si en tout un peuple d'enfants ils en rencontrent à peine deux
> » ou trois qui rapportent quelque juste fruict de leur discipline. »
> Montaigne. *Essais*, liv. 1er, chap. XXIV.

L'Ethologie ou science des caractères, cette science nouvelle
que Stuart Mill annonçait déjà dans sa Logique, commence
à se constituer. Depuis quelques années, sous le nom de
psychologie *différentielle* ou *individuelle*, elle apparaît à
l'état de tentatives isolées chez les divers peuples qui
pensent. Ces essais, il est vrai, manquent de cohésion et les
efforts des psychologues devront se concerter, se réunir
avant de pouvoir donner autre chose que des ébauches. Chez
nous cependant, ce travail de concentration s'est déjà dans
une certaine mesure opéré, et cette science, bien que née
d'hier, a fourni dans ces derniers temps quelques travaux
considérables. La psychologie expérimentale, érigée en
science indépendante, commence à recueillir les résultats de
sa méthode. A l'analyse succède la synthèse, à la psychologie
abstraite succède la psychologie concrète, à l'étude de telle
ou telle classe de phénomènes plus ou moins arbitrairement
isolée pour les besoins de l'investigation scientifique succède
celle de l'individu lui-même considéré dans la complexité de
sa vie et de ses facultés.

Or, plusieurs classifications des caractères ont déjà été proposées qui, malgré leur extrême intérêt, présentent selon nous le grave défaut de ne pas reproduire suffisamment l'ordre de la nature. Aussi presque toutes, à des degrés divers, nous paraissent-elles devoir être rangées parmi les classifications artificielles.

Si nous considérons tout d'abord la plus ancienne en date, celle de M. Pérez [1], nous voyons que cette classification a pour base la considération des mouvements. Négligeant toutes les autres qualités ou formes générales des mouvements, ce philosophe s'arrête à ces trois : la *vitesse*, la *lenteur*, l'*énergie intense* ou l'*ardeur* et il arrive de cette manière à déterminer six types ou six classes générales de caractères : les *vifs*, les *lents*, les *ardents*, les *vifs-ardents*, les *lents-ardents*, les *pondérés* ou les *équilibrés*. Cette classification a pour mérite d'être simple, claire, ingénieuse et elle est de plus illustrée de nombreux portraits qui sont à la fois pour le lecteur du plus grand charme et du plus grand profit. Mais qui ne voit que les mouvements ne sont à aucun degré des éléments du caractère, qu'ils en sont tout au plus la marque extérieure, marque d'ailleurs bien incertaine, et que cette théorie ne peut par suite jeter qu'une lumière véritablement trop douteuse sur la nature véritable de l'individu? Comme le dit très-bien M. Fouillée [1], « ne peut-on être ardent et énergique dans les passions géné- » reuses, tout autant que dans celles qui ont pour centre le » moi haïssable ? » Et plus loin : « Vos mouvements ou vos » actes sont-ils rapides, vous voilà classé parmi les vifs, qui, » selon M. Pérez, sont *légers*. Mais votre rapidité de mouve- » ments peut tenir à deux causes opposées : ou vous n'avez » pas réfléchi, et alors vous méritez l'accusation de légèreté ; » ou votre pouvoir de réflexion est rapide, vous avez du coup » d'œil intellectuel, et vous n'êtes pas pour cela un homme

[1] Pérez. *Le caractère de l'enfant à l'homme*, ch. I (Alcan. 1891).
[2] Fouillée. *Tempérament et caractère*, liv. I, ch. II (Alcan. 1895.)

» léger. » La classification de M. Pérez doit donc être écartée parce que, comme le dit encore M. Fouillée, « elle repose sur » de pures considérations de quantité, abstraction faite de la » qualité », et nous pouvons conclure avec ce philosophe que ce qu'il importe de savoir c'est « sur quelles qualités portent » la vivacité ou la lenteur, l'énergie ou la faiblesse, quelles » en sont les causes et quels effets s'en déduisent nécessaire- » ment. »

C'est une critique du même ordre que l'on peut adresser à la classification si savante, si méthodique, si complexe de M. Paulhan [1]. Pas plus que M. Pérez, M. Paulhan ne consi- dère les éléments proprement dits du caractère, et comme lui, à ces éléments qui sont pourtant tout ce qu'il y a de réel dans l'individu, il substitue sinon le mouvement, c'est-à-dire la quantité, tout au moins les rapports abstraits que soutien- nent entre eux ces éléments, soit pour s'associer, soit pour se repousser les uns les autres. La classification de M. Paulhan, en un mot, n'est qu'une application à la question qui nous occupe de sa doctrine générale de « l'association systéma- tique. » Suivant ce philosophe, en effet, les divers éléments qui constituent la personne humaine, désirs, idées, images, s'associent suivant des lois constantes en vue d'une action commune ou au contraire se repoussent mutuellement s'ils ne peuvent conspirer en vue d'une fin. Partant de là il classe les caractères, non d'après la nature des éléments qui les composent, mais d'après la façon générale dont ces éléments s'associent et s'appellent et suivant les différentes manières dont les éléments peuvent réaliser ces formes générales. Ce sont donc seulement les formes générales de l'activité psychique que l'auteur envisage, et ce n'est pas cette activité elle-même considérée dans son fond et dans son contenu.

Ici encore nous nous trouvons, comme on le voit, en face d'une psychologie qui n'observe que les contours de la réalité.

[1] Paulhan. *Les caractères* (Alcan. 1894).

Aussi l'auteur a-t-il éprouvé lui-même le besoin de réintégrer dans ces cadres vides la réalité vraie. Mais du moins y a-t-il réussi ? Et pouvait-il y réussir ? Lorsqu'on part de l'abstraction pure il est bien difficile, malgré toutes les fictions logiques, de retrouver l'expérience et les faits. M. Paulhan a pourtant essayé de le faire dans la seconde partie de son ouvrage. Mais cette fois encore, au lieu de considérer les tendances en elles-mêmes, il les a considérées dans leur objet, si bien que, en dernière analyse, il a laissé de côté l'élément qui seul nous eût intéressé [1], « cet intermédiaire qui se » place entre les formes générales de l'association systéma- » tique et les objets particuliers des tendances et des passions.»

Ainsi, pas plus chez M. Paulhan que chez M. Pérez, nous n'avons rencontré une classification véritablement naturelle. Non seulement ces philosophes n'ont pas cherché, parmi les éléments qui constituent le caractère, quels sont les éléments dominateurs, mais à la qualité, c'est-à-dire au réel ils ont substitué l'abstraction, soit le mouvement, c'est-à-dire la quantité, soit la loi, c'est-à-dire un rapport.

Avec les classifications de MM. Fouillée et Malapert nous allons sans contredit nous rapprocher de la réalité. C'est bien en effet aux tendances, c'est-à-dire aux éléments constitutifs du moi et par suite du caractère que ceux-ci se sont adressés, mais ils ont, suivant nous, méconnu la hiérarchie naturelle de ces éléments.

La tentative qu'a faite M. Fouillée [2] pour systématiser, en la rattachant aux lois fondamentales de la vie, la théorie antique des tempéraments, nous paraît on ne peut plus intéressante. Les hypothèses peuvent y paraître trop hardies, trop aventureuses, mais nous pensons toutefois que si une synthèse de ce genre est possible, c'est seulement dans cette voie qu'on peut la découvrir. Nous nous contenterons pour

---

[1] Fouillée. *Tempérament et caractère*, liv. I, chap. II.
[2] Fouillée. *Ibid.*, liv. Ier.

le moment d'observer, en le regrettant, que ce philosophe laisse complètement de côté et semble totalement oublier cette magistrale esquisse quand il aborde au livre II du même ouvrage la classification des caractères. Nous montrerons, je l'espère, dans le cours de ce travail, que si M. Fouillée n'a pu rattacher cette dernière à la doctrine des tempéraments, c'est que la classification qu'il adopte, et qui n'est autre que la classification de Bain reprise et transformée par lui, n'est pas une classification naturelle. Diviser les êtres humains en sensitifs, intellectuels et volontaires avec des subdivisions, cela peut paraître logique et semble vrai, puisque aussi bien il se déroule en nous trois séries de phénomènes différents. Mais ces éléments divers ont-ils une égale importance dans la constitution du caractère, c'est une question préjudicielle qu'il faut résoudre et que nous débattrons. L'intelligence, par exemple, est-elle un facteur essentiel du caractère au même titre que la sensibilité ou que la volonté? M. Fouillée répond par l'affirmative et cherche à le prouver par de très habiles arguments. Nous répondrons, au contraire, par la négative.

M. Malapert [1] adopte également cette thèse. En conséquence, il examine successivement les modes que peuvent revêtir la sensibilité, la volonté, l'intelligence. A la suite d'analyses très délicates, il distingue les groupes suivants :

En ce qui concerne la sensibilité : les sensitifs (de sensibilité vive, généralement mobile et passagère), les émotifs et les passionnés.

En ce qui concerne l'intelligence : les analystes, les réfléchis (esprits droits et pratiques), les spéculatifs (esprits larges et constructifs).

En ce qui concerne l'activité, qu'il considère à part comme distincte de la volonté : les inactifs, les actifs et les réagissants.

En ce qui concerne la volonté proprement dite : les

---

[1] Malapert. *Les éléments du caractère*. II* part., chap. IV (Alcan, 1897).

hommes sans volonté (les amorphes, les routiniers, les impulsifs instables), les volontaires incomplets (les faibles, les irrésolus, les capricieux) et enfin les grands volontaires qui comprennent les hommes d'action et les maîtres de soi.

Après avoir ainsi étudié séparément chacune de nos facultés, M. Malapert recherche quels sont les rapports qui s'établissent entre ces éléments et, après avoir rappelé qu'un vivant forme un système où tout est lié et dans lequel il existe une hiérarchie de caractères, il distingue les lois de coordination et de subordination, lois, dit-il, qui « interfèrent constamment et se complètent mutuellement ». Puis il ajoute, et c'est en cela que la thèse nous paraît peu juste, « qu'il n'y a pas ici une hiérarchie fixe et constante au même titre qu'en zoologie » et que, suivant les individus, c'est tantôt la sensibilité, tantôt l'activité, tantôt l'intelligence qui sont dominatrices. Nous croyons au contraire, pour notre part, que la faculté dominante et qui imprime son caractère à tout le reste est toujours la sensibilité, que l'on ne peut d'ailleurs séparer de l'activité. Même alors que l'intelligence paraît dominer, c'est en vertu d'une certaine prédisposition de notre sensibilité et c'est toujours de cette dernière qu'elle tient sa nature. Si donc la sensibilité conditionne l'intelligence, celle-ci, en revanche, ne conditionne pas, du moins primitivement, la sensibilité, et son action sur cette faculté n'est jamais qu'une réaction. A telle forme d'intelligence correspond bien telle nature de sensibilité, mais parce que la première a été déterminée par la seconde et non inversement. La loi de subordination régit l'organisme mental avec la même rigueur que l'organisme physiologique et les corrélations qui s'établissent entre les divers éléments de notre caractère ne sont elles-mêmes qu'une dérivation de cette loi. L'importance d'un organe peut varier d'un animal à l'autre, mais non pas dans la même espèce. L'importance de l'élément sensible en ce qui concerne la détermination du caractère de l'homme ne peut varier.

M. Malapert analyse ensuite et décrit les relations de la

sensibilité, de l'intelligence et de l'activité, puis il arrive à sa classification des caractères. Fidèle à sa méthode il distingue, suivant que l'une ou l'autre de nos facultés prédomine, les *affectifs*, les *intellectuels*, les *actifs*, les *volontaires*, auxquels il ajoute les *apathiques*, caractérisés par l'absence de sensibilité, et les *tempérés*, caractérisés non plus par la prépondérance au moins relative d'une certaine fonction psychique, mais par la pondération, par l'équilibre qui existe entre les différentes fonctions. Nous n'avons pas à faire ici une critique détaillée de cette classification très bien déduite : il suffit, pour nous donner le droit de la déclarer artificielle, que ce philosophe place l'élément intellectuel sur la même ligne que l'élément sensible ou que l'élément volontaire.

C'est seulement chez M. Ribot[1] que l'on trouve, à notre sens, un essai de classification qui tienne un compte exact de l'ordre réel dans lequel se commandent et s'ordonnent les éléments qui constituent le caractère. Considérée dans sa plus haute généralité la vie psychique se ramène, suivant ce philosophe, à deux manifestations fondamentales : sentir, agir ; ce qui lui donne d'abord deux grandes divisions : les *sensitifs* et les *actifs*. A ces deux classes il ajoute les *apathiques* dont le caractère est « un état d'atonie, un abaissement du » sentir et de l'agir au-dessous du niveau moyen ». Cette première division fournit des *genres*, que M. Ribot compare à ceux de la botanique ou de la zoologie, et c'est seulement quand il passe à la détermination du second degré, c'est-à dire à celle des *espèces*, qu'il fait intervenir l'élément intellectuel provisoirement éliminé. L'addition de cet élément lui permet alors de distinguer dans la classe des SENSITIFS : les *humbles* (sensibilité excessive, intelligence bornée ou médiocre, énergie nulle), les *contemplatifs* (sensibilité très vive, intelligence aiguisée et pénétrante, activité nulle), les *émotionnels* (chez lesquels l'activité s'ajoute à la subtilité intellectuelle et à

[1] Ribot. *La psychologie des sentiments*, IIᵉ part., chap. XII (Alcan. 1899)

l'impressionnabilité extrême des contemplatifs). Les ACTIFS, à
leur tour, se divisent en deux groupes selon que l'intelligence
est chez eux médiocre ou puissante, ce qui lui fournit deux
espèces : les *actifs médiocres*, les *grands actifs*. Enfin la classe
des APATHIQUES renferme l'*apathique pur* (peu de sensibilité,
peu d'activité, peu d'intelligence) et le *calculateur* (peu de
sensibilité, peu d'activité, intelligence pratique développée).
Une détermination du troisième degré donne ensuite à
M. Ribot les variétés, ce sont : les *sensitifs-actifs*, les *apathi-
ques-actifs*, les *apathiques-sensitifs* et peut-être les *tempérés*.

Comme on le voit, cette classification a sur les précédentes
cet avantage qu'elle cherche à reproduire le tableau des
genres, des espèces, des variétés, tels que les fournit la nature.
Nous lui adresserons pourtant deux reproches. D'abord elle
ne tient aucun compte des tempéraments. M. Ribot se con-
tente de constater que deux théories se trouvent en présence
touchant la classification des caractères, l'une physiologique
qui se serait surtout développée en Allemagne, l'autre psychologique qui aurait pris naissance en Angleterre. Mais ces
deux théories sont-elles nécessairement incompatibles, et
pourquoi ne pourraient-elles se rejoindre ?

Un autre reproche non moins grave est d'avoir écarté les
amorphes qui, comme le dit lui-même M. Ribot, sont légion.
Or, la classification peut-elle ainsi laisser de côté la plus
grande majorité du cas, de sorte que les types rares et excep-
tionnels auraient seuls le droit d'y entrer ?

Cette façon de procéder semble tenir à la conception
que M. Ribot s'est faite d'un véritable caractère. Pour constituer un caractère, deux conditions sont, suivant lui, nécessaires et suffisantes : l'unité, la stabilité, de sorte qu'un
véritable caractère est *inné* et doit être le même depuis la
naissance jusqu'à la mort. N'est-ce pas véritablement trop
demander à la nature humaine et d'ailleurs cette formule
est-elle bien l'expression de la réalité ? Où sont ces caractères
immuables et qui ne renferment en eux-mêmes aucune

contradiction? « A la vérité, dit M. Ribot, les caractères tout
» d'une pièce, invariables, sont assez rares. » Nous croyons
pour notre part qu'il n'y en a pas. « Il s'en trouve pourtant,
» continue-t-il, et c'est la notion consciente ou obscure de
» ce type qui règle nos jugements. » Oui, c'est la notion
consciente ou obscure de ce type qui règle nos jugements,
mais c'est là une notion purement logique, purement idéale.
C'est l'esprit qui apporte dans son appréciation du caractère, comme dans toute espèce de jugement, son besoin
d'unité. Et M. Ribot, qui voit la difficulté, d'insister sur
ce point : « Il y a, dit-il, un besoin instinctif de cette
» unité idéale dans notre conception psychologique, morale,
» esthétique du caractère. Il nous déplaît de constater un
» désaccord entre les croyances et les actes d'un homme. Il
» nous déplaît qu'un scélérat avéré ait quelque bon côté et
» qu'une personne très bonne ait une faiblesse. Pourtant quoi
» de plus fréquent ? Au théâtre, dans un roman, les person-
» nages indécis ou contradictoires ne nous captivent pas.
» C'est que l'individualité nous apparaît comme un organisme
» qui doit être régi par une logique intérieure, suivant des
» lois inflexibles.... » — Sans doute l'individualité nous
apparaît comme quelque chose à la fois d'un et de permanent,
mais cette unité de l'individu n'est nullement une unité
abstraite : c'est au contraire une unité concrète, pleine de
toutes les tendances qu'elle renferme et qui coexistent en
elle. Or, ces tendances ne sont jamais à tel point concordantes
que toute lutte, partant que toute contradiction disparaisse de
l'individu. Ces tendances, de plus, se développent, leur axe
peut se déplacer, d'où il suit que l'individu peut changer.
Nous sommes perpétuellement en mouvement, par suite en
voie de changement. Ce changement est pour chaque individu circonscrit entre certaines limites qu'il est jusqu'à
un certain point possible de déterminer; mais entre ces
limites et sans jamais cesser d'être lui-même, l'individu peut
varier. L'homme est donc à la fois un et multiple, toujours

le même et néanmoins toujours en voie de transformation.

Nous déplaît-il, d'ailleurs, autant que le prétend M. Ribot, de constater un désaccord entre les croyances et les actes d'un homme et est-il vrai que nous ne puissions supporter qu'un scélérat avéré ait une faiblesse? Est-il vrai que seuls nous contentent, soit dans un roman, soit au théâtre, les caractères tout d'une pièce? Il est bien vrai que nous exigeons d'une œuvre d'art plus de logique qu'il n'y en a dans la réalité et nous voulons que tout s'explique dans les actes des personnages qui sont représentés, mais nous n'exigeons pas cependant que tous leurs sentiments, que toutes leurs croyances, que tous leurs actes soient en harmonie. L'art peut éclairer l'âme humaine, nous en dévoiler les replis, mais il lui est interdit de la mutiler. L'écrivain peut sans doute simplifier la réalité, il peut ne peindre de ses personnages que les passions fondamentales, mais s'il simplifiait à l'excès, s'il réduisait, par exemple, un caractère à une formule unique, il ne pourrait nous émouvoir. Le caractère doit donc posséder, nous l'admettons, la permanence et l'unité, mais l'individu, d'autre part, n'est qu'un tout de coalition, partant ce tout peut varier, de sorte que la permanence et l'unité ne sont que la règle ou la forme du caractère, dont les tendances, à la fois variées et variables, sont le fond.

D'où il suit que notre tâche sera double. D'une part, nous aurons à rattacher les tendances à ce que l'on peut appeler leur racine physiologique, c'est-à-dire que nous aurons à faire reposer notre classification sur une doctrine des tempéraments que nous aurons à rattacher elle-même aux lois de la vie. D'autre part, nous aurons à déterminer une classification qui, comme celle de M. Ribot, reproduise l'ordre de la nature, mais qui soit en même temps moins rigide, plus souple et plus compréhensive. De cette classification, en un mot, aucun type ne devra être exclu, de même que dans une classification zoologique aucune variété, aucune espèce, aucun genre ne peut être omis.

LIVRE PREMIER

Les Éléments du Caractère.

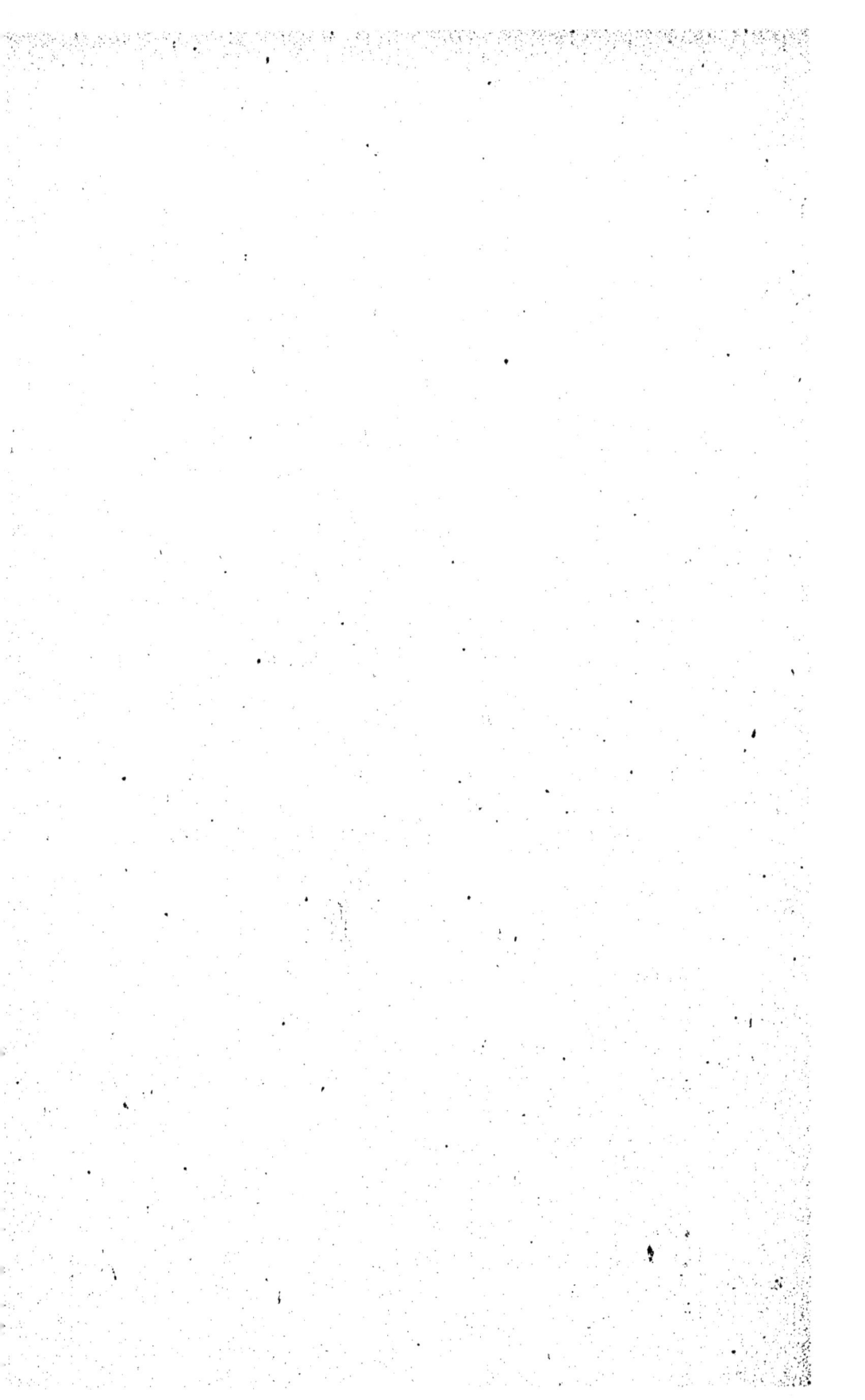

CHAPITRE PREMIER

Des difficultés du problème.

Il n'est pas de notion qui paraisse plus claire et qui soit en réalité plus confuse que celle de caractère. Aussi ne sera-t-il pas inutile de chercher tout d'abord à l'élucider.

Se reportant à l'étymologie du mot on définit assez communément le caractère *la marque propre de l'individu* ou bien encore *notre façon habituelle de réagir*. Mais en quoi consiste cette marque et de quoi dépend la manière dont nous réagissons, n'est-ce pas là précisément ce qu'il faudrait savoir?

Si l'on approfondit un peu plus cette notion, il semble bien que nos *tendances* soient à la fois la marque qui nous caractérise et l'origine de nos actes. Mais combien alors le caractère n'est-il pas chose insaisissable!

Ces tendances, en effet, qui les connaîtra? Sera-ce celui qui les possède? Mais y a-t-il rien de plus difficile au monde que de se connaître soi-même? Outre qu'on ne connaît jamais qu'une bien faible partie de ses tendances, l'amour-propre nous permet-il jamais de nous apparaître tels que nous sommes à nous-mêmes? Ne se développe-t-il pas en chacun de nous comme une casuistique naturelle qui nous permet d'amener au premier plan et sous la pleine lumière de la conscience nos qualités et de laisser dans l'ombre nos défauts?

Si nous ne pouvons nous connaître nous-mêmes, sont-ce les autres qui nous connaîtront? La difficulté n'est pas moindre; car les autres ne nous connaissent même pas directement, mais seulement par une sorte d'inférence : de nos tendances ils ne connaissent que les manifestations extérieures, ils voient nos gestes et nos jeux de physionomie, entendent nos paroles, interprètent nos actions, de l'effet ils remontent à la cause, des mouvements à la tendance, et comment interpréter ces signes si ce n'est par ce qui se passe en eux-mêmes? Sur quoi alors nous assurer que la traduction est fidèle, qu'il y a une correspondance exacte entre les sentiments qu'ils nous prêtent et ceux que nous éprouvons réellement? Bien plus chacun de ceux qui nous jugent possédant, lui aussi, son caractère propre, se forme nécessairement de nous une opinion différente, d'où nous pouvons conclure que l'image que se font de nous-mêmes ceux qui nous entourent est nécessairement inexacte.

Notre caractère, dira-t-on, ne serait-il pas comme une sorte de moyenne de ces différentes opinions? Mais nos amis, nos ennemis, les indifférents, les personnes dont les intérêts sont liés aux nôtres ou celles dont les intérêts nous sont contraires, chacun suivant son point de vue et suivant la face sous laquelle il nous envisage, nous juge très différemment et, en supposant que la moyenne dont nous parlons soit parvenue à s'établir, outre qu'elle est nécessairement très instable et très variable, sa nature dépend naturellement de celle des éléments qui la composent, elle dépend, si l'on peut dire, du milieu humain dans lequel nous vivons, d'où il suit que, si ce milieu était autre, la moyenne serait différente. Est-ce même véritablement une moyenne, et n'est-ce pas plutôt une résultante, une sorte d'équilibre qui s'établit entre les différentes opinions, et ceux qui donnent le ton dans ce concert, ne sont-ce pas les plus décidés, les plus hardis, quelquefois aussi les plus fourbes ?

Combien d'ailleurs ne serons-nous pas appréciés avec plus

ou moins d'équité suivant que nous saurons ou que nous ne saurons pas nous imposer, que nous saurons ou que nous ne saurons pas nous défendre, que nous serons doués d'une volonté forte ou seulement d'une volonté faible ! Et l'opinion que l'on se fait de nous dépend encore de notre condition sociale, des relations que nous avons, de la fortune que nous possédons, en un mot de tout ce qui, en dehors de sa valeur propre et de son mérite personnel, fait la force d'un homme ou sa faiblesse.

Non seulement l'opinion publique et notre propre opinion se trompent en ce qui nous concerne, mais elles exercent l'une sur l'autre une action réciproque. Il est bien certain que la façon dont nous nous apprécions nous-mêmes contribue pour une bonne part à former l'opinion d'autrui. Que cette opinion se conforme à la nôtre ou au contraire s'oppose à elle, dans les deux cas elle est également influencée. La vanité blesse l'amour-propre d'autrui et s'attire des représailles, mais trop de modestie n'est peut-être pas bon non plus : les autres sont trop disposés en ce cas à nous croire sur parole et ils sont trop occupés d'eux-mêmes pour songer de manière efficace à rétablir l'équilibre en notre faveur. D'autre part, l'opinion d'autrui réagit sur notre propre opinion. Nous voulons l'estime d'autrui et nous faisons tout au monde pour la conquérir : nous souffrons lorsqu'elle nous échappe, nous nous sentons diminués. Mais si nous avons, au contraire, le bonheur de la posséder, nous nous sentons comme agrandis, nous sommes comme soutenus par elle et nous prenons en elle plus d'assurance, plus de fermeté, plus de confiance en nous-mêmes.

De même les circonstances et le milieu jouent un grand rôle dans la formation du caractère. Il y a, en effet, en nous un nombre infini de tendances et celles-là seulement se manifestent qui peuvent trouver leur emploi. Tel est honnête en apparence que le milieu social et des circonstances favorables ont rendu tel, mais qui, soumis à d'autres influences et placé dans un autre milieu, serait très différent de ce qu'il est et inversement le criminel est bien souvent, dans une certaine mesure tout au moins, un produit de notre état social. L'influence du milieu va donc très loin ainsi que celle de l'éducation.

Comme on le voit, les circonstances au milieu desquelles l'homme s'agite impriment à son caractère leur empreinte. Il est curieux de se demander ce qu'auraient été nombre d'hommes célèbres qui ont laissé un grand nom dans l'histoire s'ils avaient vécu dans d'autres lieux ou à une autre époque, ce qu'auraient été par exemple Mirabeau ou Napoléon sans la tourmente révolutionnaire et sans le grand bouleversement qui lança contre la France en feu les armées de l'Europe coalisées.

On a même exagéré cette influence et l'on a pu penser que le caractère était uniquement un produit du sol et du climat, des circonstances et du milieu. Il en serait ainsi si le caractère était une table rase où rien ne fût gravé dès la naissance, s'il n'y avait en nous avant toute expérience des tendances déterminées, des prédispositions héréditaires. Mais ces tendances et ces prédispositions existent, de sorte que l'homme réagit non seulement selon les circonstances, mais aussi selon sa nature. On ne peut pas même dire que le caractère soit le résultat d'un conflit entre des forces extérieures et intérieures, car ce résultat c'est le rôle, c'est le personnage que vous jouons, c'est une des expressions possibles du caractère, non le caractère lui-même. Le caractère appartient à l'homme, non au milieu. Il est la manière dont nous réagirons dans quelque circonstance que ce soit, il est l'ensemble de nos prédispositions, de nos tendances, il est une virtualité, il est le rapport que soutiennent entre elles nos tendances, il est leur degré respectif d'intensité, leur mode d'association. Le caractère n'est pas une entité; ce n'est pas quelque chose de tout fait, ce n'est pas un être, c'est quelque chose qui se fait, qui évolue et qui devient.

Les circonstances ne suffisent donc pas à expliquer l'indi-

vidu : elles lui fournissent simplement l'occasion de développer les tendances qu'il tient de sa nature. Ces tendances,
d'ailleurs, ne sont pas isolées, elles réagissent les unes sur les
autres, elles se groupent dans un certain ordre, et cet ordre,
comme les tendances elles-mêmes, est déterminé à la fois par
le milieu et par l'individu. Ces tendances, en effet, ont entre
elles des répulsions et des affinités en vertu desquelles un
certain équilibre s'établit, mais toutes les tendances n'apparaissent pas en même temps et celles-là seulement se produisent que les circonstances réclament ou qui sont appelées par
d'autres tendances. Cela nous permet de comprendre comment
d'un même fonds commun pourront surgir, suivant les circonstances, des tendances diverses différemment associées, mais en
même temps nous comprenons aussi comment, étant donné
l'individu, certaines tendances et certain équilibre se produi-
ront et non pas d'autres. On comprend en un mot comment
et dans quelle mesure le milieu sert à former, à façonner
l'individu et comment le caractère n'en est pas moins, d'autre
part, un résultat de la nature de l'individu.

Si l'action du milieu est puissante sur le caractère, l'influence qu'exerce sur lui l'état de nos organes n'est pas
moindre. Il est d'observation courante que le caractère se
modifie suivant l'âge, suivant l'état de santé ou de maladie,
suivant l'humeur. On comprend qu'il en soit ainsi si l'on
considère que le caractère, comme nous le montrerons,
repose sur la cœnesthésie. Celle-ci étant en effet le retentisse-
ment de toutes les fonctions organiques dans le sensorium, il
faut bien que, quand elle change, le caractère change avec
elle. Il y a par conséquent entre le caractère et l'état de
l'organisme en général un lien étroit dont il serait puéril de
vouloir nier ou diminuer l'importance.

L'homme n'est pas le même aux différentes époques de la
vie. On n'est pas peu surpris quand on voit les divers portraits
d'une même personne aux différents âges. Il y a entre les
diverses physionomies qui nous passent ainsi sous les yeux

comme un air de famille : c'est la même personne, nous le savons, et pourtant elle ne paraît pas être la même. Les traits se sont accentués, allongés, parfois déformés, çà et là des rides se sont creusées et c'est pour une grande partie la croyance qui nous fait retrouver dans la figure d'aujourd'hui la physionomie d'autrefois. Des changements, des transformations analogues se produisent dans le caractère. Lui aussi, comme la personne physique, a une période de croissance, une période d'apogée, une période de dépérissement. L'enfant, l'homme fait, le vieillard ont, si l'on veut, des traits communs, mais à chaque tempérament, à chaque nature particulière chaque âge apporte son empreinte.

L'influence de la santé ou de la maladie est également très grande sur le caractère. Le parfait état de nos organes et la circulation abondante d'un sang généreux donnent au caractère l'énergie en même temps que la joie. La maladie au contraire le déprime et produit la mélancolie. Le caractère est même parfois, non plus seulement modifié, mais radicalement changé, transformé sous son influence. C'est ainsi qu'une personne douce, d'humeur égale, attachée à tous ses devoirs, par l'effet de la maladie peut devenir frivole, légère, irascible.

Enfin le caractère dépend en grande partie de notre humeur, c'est-à-dire de nos dispositions du moment. Il est des caractères calmes chez lesquels le ton général est toujours à peu près le même, mais il en est aussi de souverainement impressionnables et chez lesquels l'humeur varie à la moindre contrariété, à la plus petite émotion. Où trouver dans ces natures variables le caractère, c'est-à-dire la marque propre, à moins de dire que son essence est précisément de varier?

On voit par là combien le caractère est chose fuyante et, comme nous le disions, insaisissable. Cette notion, qui paraît simple, est au contraire éminemment complexe. Le caractère n'est autre chose que l'ensemble de nos tendances qui se groupent et s'associent dans un ordre donné : en d'autres,

termes c'est une résultante. Mais cette résultante varie
à chaque instant et à chaque instant se modifie. A chaque instant de nouvelles tendances, qui faisaient leur office sans
doute, mais qui le faisaient sourdement et dans l'ombre,
peuvent surgir et apparaître brusquement à la conscience.
Ces tendances peuvent alors se développer et s'accroître, soit
parce qu'une occasion favorable s'est présentée, soit parce
qu'elles ont rencontré, dans d'autres tendances, des alliées.
Il est permis sans doute de négliger les cas où le caractère
est radicalement transformé et qui sont des cas anormaux ;
il n'en reste pas moins que le caractère, même à l'état normal, se modifie, se transforme continuellement et que, sous
la pression des circonstances, sollicité par les événements, il
peut offrir à chaque instant une face nouvelle. On a dit que,
si l'on pouvait connaître toutes les tendances d'un homme,
ainsi que tous les événements qui agiront sur ces tendances,
on pourrait déterminer aussi exactement la conduite de cet
homme dans un cas donné qu'il est possible de calculer un
phénomène astronomique. Cela peut être, mais cela montre
aussi que le problème est insoluble si on le pose dans ces
termes et que, par sa nature même, le caractère échappe aux
prises de la science, tout au moins de la science exacte.

Étant donnée la complexité de ce qui, en nous, constitue
l'élément personnel, nous pouvons donc nous demander si
une classification des caractères est possible. On conçoit bien
que l'on puisse classer des plantes, des animaux, c'est-à-dire
des êtres, des individus. Mais, nous l'avons vu, le caractère
n'est pas une entité, n'est pas un être, c'est quelque chose qui
se fait. Le caractère est individuel, mais n'est pas un individu.
Comment donc pourra-t-on classer des ensembles de prédispositions, de tendances, toujours en rupture et toujours en
renouvellement d'équilibre ? La tâche est malaisée sans doute,
mais elle n'est pas impossible. Il suffit, pour qu'elle soit
possible, que les variations du caractère ne puissent se produire
que dans des limites qui soient elles-mêmes fixes et déter-

minées. Établir une classification des caractères c'est montrer
quelles sont ces limites, c'est établir de cette façon différents
groupes, non pas peut-être aussi irréductibles les uns aux
autres que le peuvent être les différentes espèces animales,
mais assez distincts cependant pour que l'on puisse prévoir,
après avoir rangé un individu dans son groupe, quelle sera
sa manière habituelle d'agir, de sentir, et même de penser.
Si nous parvenons à établir des groupes de ce genre, en tenant
compte de l'importance relative des éléments qui constituent
le caractère, si nous pouvons faire reposer ces groupes sur
une base vraiment physiologique, si enfin le nombre de ces
groupes est tel qu'aucun groupe ne soit inutile, mais que
chaque individu puisse en revanche rentrer dans un groupe,
notre tâche sera accomplie.

Dans un article intéressant sur l'*Éducation du Caractère* [1],
M. Payot fait très bien ressortir les difficultés du problème.
Après avoir montré combien est vague la définition du caractère que donne le dictionnaire de Littré, et après avoir constaté
que les philosophes qui se sont occupés de la question ne
sont pas beaucoup plus avancés, M. Payot semble conclure
qu'il serait peut-être plus sage de renoncer à vouloir établir
la classification des caractères. M. Martin, dans un livre très
fouillé, très documenté, qui a pour titre également : *L'Éducation du Caractère*, émet la même opinion. Ce dernier
ajoute même que, fût-on parvenu à établir la classification, elle ne pourrait être que d'un faible profit pour
l'éducateur. Nous ne pouvons sur ce point nous ranger à
l'avis de M. Martin et nous pensons que, s'il est nécessaire
à la pédagogie de tenir compte de la diversité des caractères,
il ne peut lui être inutile de savoir comment ces caractères
se distribuent dans un certain nombre de groupes. Quant à la
question de savoir si une telle classification est possible,
nous dirons que, si les philosophes n'ont pas encore réussi

[1] *Revue Philosophique*, 1899 (t. II, p. 599).

dans les tentatives qu'ils ont faites pour la fonder, cela ne
prouve pas qu'ils doivent à tout jamais y renoncer, que
d'ailleurs la science des caractères est nouvelle, qu'elle vient
à peine d'essayer ses premiers pas, qu'il n'est pas encore
temps, semble-t-il, de se décourager et qu'il ne serait peut-être
pas bien juste de reprocher à une science, qui vient de naître,
de ne pas être arrivée du premier coup à sa perfection.

Mais aussi ces diverses tentatives, en partie du moins
infructueuses, des psychologues les plus distingués, ces
déclarations des hommes les plus qualifiés pour donner sur
ce débat, tant au point de vue pratique que théorique, une
opinion motivée, ne peuvent que nous rendre modeste. Aussi
notre intention n'est-elle pas de donner à la question qui
nous occupe une solution définitive. Notre ambition n'est pas
si haute. Nous serions trop heureux si nous pouvions, même
pour une faible part, faire avancer la question, si nous
pouvions jeter un peu plus de clarté sur quelques points
qui peut-être sont demeurés dans l'ombre, si l'on jugeait
enfin que nous avons nous aussi, dans la mesure de nos
forces, apporté notre pierre à l'édifice qui s'élève.

CHAPITRE II

Intelligence et Caractère.

« L'intelligence, qui est la faculté de l'impersonnel, a dit
» très bien M. Ribot [1], ne peut être considérée comme faisant
» partie du caractère, qui est en nous ce qu'il y a de plus
» intime et ce qui donne à chacun sa physionomie propre. »

S'il s'agit d'apprécier un caractère, l'intelligence n'entre
pas en ligne de compte et si, parlant d'un homme de génie,
l'on dit : « C'est un beau caractère », tout le monde sait
pertinemment que l'on parle d'autre chose que de son génie.

Mais il arrive très souvent que l'on confonde le caractère
avec la personnalité. La personnalité est, en effet, comme son
nom l'indique, la marque propre de la personne humaine et
elle peut être considérée, en un sens, comme le signe distinctif
de l'individu. Elle a par conséquent de grandes analogies avec
le caractère.

Ce qui prouve bien, cependant, que la personnalité diffère
du caractère c'est que, la personnalité restant la même, le
caractère peut changer. Il serait sans doute plus difficile de
trouver des cas où, la personnalité changeant, le caractère
serait le même. Si l'on suggère à une personne en état d'hypnotisme une nouvelle personnalité, cette notion, que l'on
introduit subrepticement dans l'esprit du patient, attire à elle
les sentiments et par suite les tendances qui lui sont connexes,

[1] Ribot. *Psychologie des Sentiments.* 2ᵉ partie, Chap. XII.

d'où il suit que le caractère lui-même change, et non seulement la personnalité. On pourrait néanmoins observer, même
dans ce cas, un fonds commun d'affections et de tendances
dans lequel chaque nouvelle personnalité puise les éléments
qui lui sont nécessaires pour se constituer. Ce qui, d'ailleurs,
distingue entièrement la personnalité du caractère, c'est qu'au
lieu d'exclure l'intelligence, elle la suppose et que même
celle-ci nous apparaît comme son élément fondamental.

Si l'on veut une preuve de la confusion que nous venons
de signaler, il nous suffira de citer le passage suivant que
nous emprunterons à M. Fouillée : « Concevoir son moi,
» nous dit ce philosophe [1], c'est déjà le poser et l'affirmer en
» face du dehors, c'est du même coup se *caractériser* soi-
» même. » C'est M. Fouillée lui-même qui souligne le terme
caractériser. Il se serait servi d'un autre terme, du mot
distinguer, par exemple, qu'il ne fût apparu nullement en
quoi le moi, par l'action même de se poser, fonde son
caractère. Et cela est tellement vrai qu'un peu plus loin
l'auteur est amené, par la logique même et par un certain
besoin de précision, à employer le véritable terme : « Dire
» moi, pourrons-nous lire alors, c'est poser sa *personnalité*,
» et, dans une inévitable antithèse, poser la personnalité
» des autres ; c'est, mystère inexplicable, par un seul et
» même acte, entrer en soi et sortir de soi, puisque la
» pensée ne peut se connaître sans connaître autre chose,
» ni connaître autre chose sans se connaître elle-même. » De
même le passage suivant, auquel le mot caractère, qui le
termine, donne un cachet paradoxal, ce passage, disons-nous,
ne paraîtra que l'expression de la réalité, si l'on y remplace
le mot caractère par celui de personnalité. « Les qualités et
» défauts de l'intelligence tiennent à la nature, à l'intensité
» et à l'objet de la perception, de la mémoire, de l'imagination,
» de la réflexion, de la généralisation, du jugement, du raison-

[1] Fouillée. *Tempérament et Caractère*. Liv. II, Chap. I.

» nément; comment croire que, chez un homme, ces qualités
» humaines par excellence ne soient pas des éléments essen-
» tiels du caractère? »

I. — Au fond toute cette discussion nous paraît devoir se
ramener à une question plus générale, celle de savoir si
l'intelligence est une faculté active au même titre que la
sensibilité ou que la volonté.

Il y a sans doute entre le sentiment et la pensée des
rapports aussi étroits qu'indéniables et il est parfaitement
vrai que la pensée provoque en nous le sentiment. Mais l'idée
n'est qu'un résidu, elle est un signe: elle n'est que le substitut
des images, des sentiments et des tendances. Qu'elle puisse
et qu'elle doive même rappeler ces derniers comme le signe,
et surtout le signe naturel, rappelle la chose signifiée, cela
n'est nullement contestable, mais elle n'a de puissance active
que par eux et, réduite à elle-même, elle est complètement
inefficace.

Peu importe d'ailleurs que, même à son état le plus élé-
mentaire, la fonction mentale enveloppe déjà l'élément
intellectuel. Il est peut-être possible de découvrir dans la
sensation la plus humble une sorte de discernement. L'intelligence est, en effet, une adaptation de l'être à des rapports
de plus en plus complexes, et ces rapports sont peut-être
perçus plus ou moins vaguement même dès l'origine. Mais
la perception des rapports est dans tous les cas différente
du fait d'être affecté de telle manière ou de telle autre. Soit la
sensation de couleur rouge. Nous distinguons cette sensation
de celle d'un son par exemple et nous la distinguons aussi
de celles des autres couleurs. Mais cela veut-il dire que le
fait d'en être affecté soit le même que celui de la distinguer et,
par suite, de la percevoir? Les deux faits peuvent être contemporains, ils n'en sont pas moins différents. On peut concevoir
un état où l'être, où la cellule primitive soit seulement *affectée*
par la sensation. Où est le discernement en ce cas, et s'il

existe, tout au moins à l'état d'ébauche, n'est-ce pas la preuve cependant que la sensation est affective avant d'être représentative? La vie représentative se dégage peu à peu de la vie affective et finalement se pose à part. Celle-ci est, il est vrai, la condition de celle-là, mais elles sont irréductibles l'une à l'autre. Il n'y a aucune ressemblance de nature, si éloignée soit-elle, entre le fait de concevoir abstraitement, idéalement les lois du mouvement et celui d'être affecté d'une sensation tellement vague, tellement confuse qu'on ne la distingue, ni d'une autre sensation de même ordre, ni même d'aucune sensation d'un ordre différent.

L'intelligence, en effet, qui est le lien des facultés proprement actives et des facultés sensitives, se distingue à la fois des unes et des autres. La fonction de l'intelligence est, tout d'abord, de nous renseigner sur la nature des objets et des êtres qui nous entourent, et elle n'apparaît véritablement, comme l'a très bien montré H. Spencer, que lorsque les rapports extérieurs, auxquels l'être est obligé de s'adapter sous peine de déchéance ou de disparition, deviennent trop complexes pour que la réaction puisse se produire sur-le-champ, sans incertitude ni hésitation. Un certain temps s'écoule en ce cas entre l'action venue du dehors, c'est-à-dire l'impression subie et la réaction. C'est ce temps que mettent à profit les tendances pour se combiner et produire une réaction appropriée. La conscience intervient alors, qui éclaire tout ce mécanisme intérieur ; mais les deux moments fondamentaux de ce processus, psychologique en même temps que physiologique, n'en sont pas moins, comme dans les cas les plus simples du mouvement réflexe, instinctif ou habituel, l'impression subie d'une part et de l'autre la réaction. Ce sont là les deux termes extrêmes du processus et en même temps ses éléments primordiaux. Quant à l'intelligence, qui s'interpose entre ces deux extrêmes, elle n'est qu'une aide et un moyen.

Comme on le voit, l'acte intellectuel est dans tous les cas

une perception de rapports, rapports plus ou moins étendus entre des termes plus ou moins abstraits. L'acte par lequel nous distinguons les diverses parties de la sensation n'est pas différent de celui par lequel le penseur distingue les idées, mais l'acte de discerner, de distinguer, et par suite d'unir les sensations ou les idées, est différent de celui de recevoir une impression ou de sentir.

A mesure, d'ailleurs, qu'elle se développe, l'intelligence se sépare d'une façon de plus en plus nette de nos facultés affectives. De là la distinction naturelle de la vie pratique et de la vie contemplative. L'intelligence peut se prendre elle-même pour fin, se délecter dans le spectacle de ses conceptions, et c'est la vie contemplative ; elle peut aussi se résoudre à n'être qu'un moyen pour une fin qui n'est pas elle, et c'est la vie pratique. Mais la vie pratique est, après tout, celle à laquelle se résigne la grande majorité des hommes, et elle absorbe une grande part du temps même de ceux qui jouissent le plus de la pensée, de sorte que, même chez ces derniers, l'intelligence est le plus souvent un moyen. Si donc nous considérons que le caractère est, non la marque de l'individu quelle qu'elle soit, mais la marque de l'individu sentant et agissant, tel en un mot qu'il se révèle à nous dans la pratique de la vie, nous voyons par là, que s'il est nécessaire de faire intervenir l'intelligence dans une étude sur les caractères, ce n'est pourtant qu'à la condition de la considérer comme une faculté secondaire.

C'est ce que M. Fouillée lui-même a très bien vu, et, s'il nous fallait un exemple pour illustrer notre thèse, c'est lui-même qui nous le fournirait. « Parce que Kant, dit-il » quelque part, faisait chaque jour, à la même heure, sa » promenade sous les arbres de Kœnigsberg, manquait-il de » *sensibilité*, lui qui, en apprenant la Révolution française, » s'écriait, les larmes aux yeux : « Je puis dire maintenant » comme Siméon : Nunc dimittis servum tuum, Domine ? » » Manquait-il de *volonté*, lui qui passa sa vie à chercher les

» fondements de la plus haute morale, et qui jamais, ni dans
» les grandes choses, ni dans les petites, ne s'écarta des
» règles qu'il s'était imposées ? » Nous avons souligné à
dessein les mots sensibilité et volonté. Mais peut-on opposer
d'une façon plus nette la vie spéculative à la vie pratique,
c'est-à-dire l'intelligence d'une part à la sensibilité et à la
volonté de l'autre ? Que la haute vie spéculative ne soit pas
nécessairement exclusive d'une vie pratique également riche,
cela se peut, mais le contraire aussi est possible, et l'une
dans tous les cas n'est pas l'autre.

II. — Mais, dira-t-on, cet amour même du savant pour la
vérité n'est-il pas lui aussi un trait de caractère ? « La ques-
» tion, dit M. Rauh [1], est précisément de savoir si, chez
» quelques individus, l'intelligence n'est pas un besoin aussi
» essentiel que les besoins affectifs chez les autres hommes ;
» si, par suite, chez ces individus, la pensée ne détermine
» pas la nature de la vie affective et active, et ne modifie pas
» jusqu'aux besoins organiques eux-mêmes ; de sorte que
» l'intelligence pourrait être dite leur véritable *caractère*. »

Nous avouons ne pas très bien comprendre en quoi un
besoin, quel qu'il soit, pourrait ne pas être affectif. Il est des
besoins inférieurs, il en est de supérieurs. Il est des hommes
qui recherchent avant tout le plaisir, d'autres la fortune,
d'autres la gloire. Il en est aussi chez lesquels s'est surtout
développé le goût du beau, de la vertu, de la science. Mais
tous ces sentiments n'appartiennent-ils pas également à la
même faculté de désirer ? Si donc on croit devoir distinguer
une classe d'intellectuels parce que dans certaines natures
les plaisirs de l'intelligence prédominent, pourquoi ne pas
distinguer au même titre une classe de voluptueux, d'avares,
d'ambitieux, etc. ? Mais alors n'est-ce pas tomber dans cette
erreur déjà signalée, de distinguer les caractères, non d'après
les tendances, mais d'après l'objet des tendances ?

[1] *Revue de Métaphysique et de Morale* (1893).

Ainsi le voluptueux et le savant ne sont peut-être que des variétés d'un même groupe. Nous serons amenés sans aucun doute à faire les distinctions nécessaires, mais si l'on veut établir une classification qui reproduise l'ordre de la nature, c'est aux *caractères* fondamentaux (nous prenons ici le mot dans son acception scientifique), qu'il faut d'abord s'attacher, non aux *caractères* dérivés. On peut, comme l'a fait Dugald Stewart [1], rechercher quel est le caractère du métaphysicien, du poète, du mathématicien, mais il restera entendu que c'est là un mode de classification artificiel, bien qu'il soit vrai que certains caractères, et même certains tempéraments, soient peut-être plus aptes que d'autres à fournir des métaphysiciens, des mathématiciens et des poètes.

L'amour du savant pour la vérité, dit-on encore, a ceci de particulier qu'il est impersonnel. Or, n'est-ce pas là un signe qui permet de le séparer de tout autre amour, comme par exemple de celui de la volupté ? A cela nous répondrons que, si l'amour de la volupté ou du plaisir est essentiellement égoïste, il en est d'autres, l'amour du beau, de la vertu, qui, aussi bien que l'amour de la science, peuvent être désintéressés.

On pourra donc, et l'on devra, distinguer des sentiments égoïstes et des sentiments altruistes, les premiers qui portent le moi à se replier sur lui-même et à rechercher avant tout sa propre satisfaction, les seconds qui le portent au contraire à se répandre au dehors, à se perdre dans un objet ou à s'absorber en autrui. Mais les uns et les autres proviennent également de nos tendances, c'est-à-dire du moi, qui n'en est que la réunion, et l'on peut dire que le moi, quelle que soit la direction de ses tendances, recherche avant tout son plaisir. Les sentiments égoïstes le poussent, il est vrai, à faire rentrer en lui-même ce qui n'est pas lui, mais les sentiments qui le font rayonner au dehors, le poussent aussi à s'agrandir,

---

[1] Dugald Stewart. *De l'Esprit humain*. III° partie.

quoique d'une manière différente. Il y a donc là deux mouvements du moi qui, pour être distincts et opposés, n'en ont pas moins même principe et même origine.

Les sentiments altruistes ne se manifestent pas d'ailleurs, en général, avec ce caractère de pureté idéale que nous venons de signaler. Nos sentiments sont, en effet, des touts complexes composés d'éléments divers, et des tendances de nature différente se mêlent d'ordinaire, dans des proportions variables, pour former un sentiment unique. Ces éléments, que l'analyse découvre au fond des sentiments même les plus désintéressés, ne sont pas toujours présents tous à la fois, leur degré d'intensité varie ; c'est tantôt l'un, c'est tantôt l'autre qui domine, et ils peuvent se combiner dans des proportions différentes. Il n'en est pas moins vrai que, sous une même dénomination, nous désignons des sentiments extrêmement complexes, et de nuances très diverses.

Les tendances sont donc très différentes qui se combinent en nous pour former l'amour du beau, l'amour du bien ou encore le sentiment religieux. Ces sentiments sont plus ou moins complexes, plus ou moins purs, plus ou moins entachés d'égoïsme. On a dit de l'amour du beau, en particulier, qu'il devait supposer écartée toute considération d'utilité, mais c'est qu'il s'agit alors de l'amour du beau dans toute sa pureté, son idéal, non de ce sentiment complexe, concret, réel qui nous fait goûter les belles œuvres. Combien en est-il, parmi ceux qui goûtent tel opéra nouveau, auxquels l'entraînement, la mode, le *snobisme* soient absolument étrangers ? Et l'artiste, le poète, l'écrivain qui compose une œuvre, est-il exempt de toute ambition, de tout désir de vaine gloire ? De même encore le sentiment religieux, qui peut aller jusqu'à l'extase, ne revêt-il pas autant de formes que sont nombreuses les sensibilités diverses dans lesquelles il se manifeste ?

Or, le sentiment, le goût du vrai n'échappe pas à cette règle. Il y a différentes façons d'aimer le vrai, comme d'aimer

le beau ou le bien. Le sentiment qu'éprouve le savant en face
de la vérité peut être, lui aussi, un mélange d'éléments divers,
de sentiments désintéressés ou égoïstes. Chacun aime le vrai
à sa manière, avec la sensibilité qui lui est propre, et, de
plus, la nature de chacun détermine la forme particulière du
vrai, à laquelle il s'attache de préférence. Le vrai peut en
effet se présenter à nous sous une forme plus ou moins
abstraite. Il en est qui préfèrent les vérités mathématiques,
d'autres préfèrent les vérités morales. Il en est qui, tout en
aimant la science avec passion, écartent de propos délibéré
le sentiment dans la recherche de la vérité, mais il en est
aussi qui voient dans la passion elle-même un auxiliaire et
qui ne craignent pas de la mettre au service de la raison.
Le nom d'intellectuel sera-t-il donc donné également aux
uns et aux autres, ou sera-t-il réservé uniquement à ceux qui,
s'attachant aux vérités les plus abstraites, ne seront guidés
dans leurs recherches que par l'intelligence pure ?

S'il en était ainsi, il semble bien que ceux qui s'adonnent
aux sciences exactes, presque seuls, auraient droit à ce titre.
Mais, malgré des traits communs indéniables, et il serait
bien étonnant qu'il n'y eût entre eux aucune ressemblance,
chaque mathématicien apporte cependant, dans la science
la plus impersonnelle qui soit au monde, sa tournure d'esprit
particulière, ses goûts, ses préférences même. Tous néanmoins feront-ils donc partie au même titre de la classe des
intellectuels ?

Il est, de plus, une autre science qui se rapproche, par la
nature d'esprit de ceux qui s'y livrent, de la science mathématique : je veux dire la métaphysique. N'y a-t-il pas en
effet une certaine analogie, une certaine ressemblance de
nature entre l'esprit d'un métaphysicien, comme Kant ou
Spinoza, et celui d'un mathématicien, comme Ampère ? Il
semble donc bien qu'ils doivent être comptés, eux aussi, dans
la même classe.

Or les Platon, les Malebranche, qui font la place si grande

à l'imagination, au sentiment, en feront-ils également partie ?
Et, si l'on consent à les y accepter, pourquoi ne pas y accepter
aussi les poètes-philosophes, Goëthe par exemple, puis les
historiens, puis les poètes, c'est-à-dire en un mot tous ceux
qui, quel que soit l'art ou la science qu'ils cultivent, s'adonnent aux travaux de la pensée ? Mais alors ne voit-on pas
que l'on fait y rentrer les natures d'esprit, et partant, les
caractères les plus différents ?

Sans doute l'intelligence réagit sur notre sensibilité, sur
notre activité, sur nos tendances, et par suite sur notre organisme. Mais l'intelligence réagit suivant ce qu'elle est, et d'où
tire-t-elle sa nature, si ce n'est de la nature même de nos tendances ? Certains individus peuvent être attirés par un plus grand
développement cérébral vers les travaux de la pensée, mais ce
développement cérébral ne s'en trouve pas moins accompagné
de sensibilités très différentes. Or, suivant la nature de la
sensibilité, l'intelligence est telle ou telle, et, lorsque l'intelligence réagit sur la sensibilité, on peut dire que c'est encore
la sensibilité qui réagit sur elle-même.

CHAPITRE III

Sensibilité et Volonté.

Nous avons montré dans le chapitre précédent que les facultés actives (sensibilité et volonté) sont radicalement différentes de la faculté représentative ou de l'intelligence. Nous voudrions montrer dans celui-ci l'union intime des phénomènes sensibles et des phénomènes volontaires. Pour cela il est nécessaire d'examiner de quelle manière se forme en nous la volonté.

I. — Il n'y a pas en nous de volonté, si l'on entend par ce mot une entité cachée, source et cause de phénomènes : il n'y a que des volitions. Objectivement, les volitions se manifestent par des mouvements. Or, avant l'exercice de la volonté, des mouvements se produisent en nous, qui se ramènent à trois catégories : les mouvements *impulsifs,* les mouvements *réflexes* et les mouvements *instinctifs.*

Les mouvements impulsifs ne sont nullement précédés d'une impression périphérique. Ils ont pour cause la nutrition et les changements moléculaires qui se produisent dans les centres nerveux. Les réflexes sont précédés d'une sensation. Enfin les mouvements instinctifs et les mouvements volontaires ont pour point de départ, non plus une sensation, mais une perception ou une idée.

Les mouvements impulsifs et les réflexes sont des mouvements simples, les mouvements instinctifs et volontaires sont

des mouvements composés. Le mouvement instinctif est en
effet déjà lui-même une complication du réflexe. Il implique
un but à atteindre, but enregistré dans l'organisme par
l'expérience accumulée des générations et vers lequel conver-
gent les mouvements élémentaires dont il est composé.

Mais l'acte instinctif ne comporte qu'un but unique et les
mouvements se groupent d'une façon en quelque sorte irrésistible en vue de cette fin. Avec l'acte volontaire apparaît la
multiplicité des fins : des combinaisons différentes de mouvements s'ébauchent et, après une série plus ou moins longue
d'oscillations, s'établit enfin l'équilibre.

Or, tous les mouvements dont il vient d'être question sont
des mouvements centrifuges, mais tous ont été néanmoins
précédés de mouvements centripètes. Cela est évident pour
les réflexes. D'autre part la perception ou l'idée, qui provoque
le mouvement instinctif ou le mouvement volontaire, est un
produit de la sensation, et quant aux mouvements impulsifs,
qui proviennent de la nutrition, ils ont également pour
origine des mouvements venus du dehors.

Considérons maintenant en lui-même l'organisme vivant.
Cet organisme a été façonné par le milieu : il résume des
expériences antérieures en nombre infini. Cette action du
milieu n'explique pas d'ailleurs, à elle seule, sa formation.
Pour que les mouvements centripètes s'incorporent à l'organisme, ils doivent être élaborés par lui. Force nous est donc
de remonter jusqu'à l'irritabilité primitive du protoplasma.
C'est grâce à cette propriété qu'a la matière vivante de
réagir, que l'organisme peut se constituer, et c'est avec la
cellule qu'apparaît pour la première fois l'individualité physiologique. Or la cellule réagit de deux manières différentes,
soit en s'incorporant des mouvements, soit en rendant au
milieu ambiant les mouvements qu'elle en a reçus. C'est de
cette double source que naîtront plus tard sensibilité et
volonté.

La sensibilité implique donc, comme la motricité elle-même, une réaction organique, et les mouvements centripètes qui, partis de la périphérie du corps ou des parties profondes de l'organisme, arrivent par l'intermédiaire des nerfs sensitifs jusqu'au sensorium, ces mouvements ne sont perçus que grâce à la constitution particulière de la cellule nerveuse et à la réaction de l'organisme tout entier, de sorte que l'analyse physiologique distingue une même activité fondamentale sous les phénomènes sensibles et sous les phénomènes volontaires.

Entre la sensibilité et la volonté il n'y a donc pas de différence radicale. « La sensibilité, dit le docteur Luys [1], » est sous-jacente à tous les actes moteurs de l'organisme, » et, lorsque nous répondons immédiatement aux sollici- » tations, lorsque nous nous laissons aller aux épanche- » ments naturels de notre sensibilité, et, comme on le dit, aux » élans de notre premier mouvement, c'est nous-mêmes, » c'est notre personnalité (nous dirions plutôt notre *caractère*) » qui se répand spontanément, sans artifice et sans prémé- » ditation... Dans une foule d'autres circonstances, la » décharge ne se fait pas d'une façon rapide et immédiate ; » il y a en quelque sorte macération à froid de l'impression » incidente dans la trame du sensorium. »

Or, dans ce dernier cas, lorsque la sensation n'est pas immédiatement suivie d'une réaction, lorsque l'impression est *macérée à froid*, que se passe-t-il dans le sensorium ? Celui-ci est, on le sait, représenté par la substance grise corticale des hémisphères cérébraux, qui est une sorte d'appareil sensitivo-moteur. Par analogie avec ce qui se passe dans la moelle épinière, on peut même considérer les régions sous-méningées, occupées principalement par les petites cellules, comme étant surtout en rapport avec les phénomènes de la sensibilité et les régions profondes, occupées par les groupes de grosses cellules, comme étant les régions d'émission des

[1] Luys. *Le Cerveau et ses fonctions.* Livre III, chap. II.

phénomènes de la motricité. Cette substance grise corticale
est réunie aux noyaux centraux par des fibres de substance
blanche. Le rôle de ces fibres est d'amener jusqu'à la couche
corticale les diverses impressions sensorielles qui ont déjà
subi une première élaboration dans les centres de la couche
optique et de les renvoyer dans les différentes parties du
corps, par l'intermédiaire du corps strié, sous forme de motricité. Ainsi, les impressions sensorielles, irradiées de la
périphérie ou des parties profondes de l'organisme, arrivent
dans le sensorium où elles mettent en jeu l'irritabilité propre
des cellules qui constituent l'écorce cérébrale. Là, elles sont
métamorphosées, spiritualisées pour ainsi dire, elles gagnent
de plus en plus les parties supérieures de l'écorce et se
transforment en éléments moteurs qui, suivant une marche
inverse, se réintègrent dans l'organisme, se matérialisent, se
renforcent sous l'influence de l'innervation cérébelleuse et de
l'innervation spinale et produisent finalement dans le corps
ces mouvements coordonnés qui sont la marque de la volonté
consciente.

II. — Les phénomènes moteurs, d'après ce qui précède,
nous apparaissent comme un prolongement des phénomènes
sensitifs. Entre les uns et les autres nous avons admis, cependant, une période intermédiaire d'élaboration qu'on ne peut
passer sous silence. Mais le travail mystérieux qui se produit
dans le sensorium n'est pas une sorte d'alchimie cérébrale,
qui aurait pour effet de changer la nature des éléments que
les nerfs sensitifs ont pour office de lui apporter. Les impressions sensitives ne sont pas plus transformées en pensées,
que la pensée ne se transforme, d'autre part, en volitions.
D'un bout à l'autre de la chaîne, depuis le moment où l'extré-
mité du nerf sensitif est excitée par l'impression périphérique, jusqu'au moment où cette excitation élaborée, renforcée
dans les centres nerveux, est renvoyée au dehors par l'intermédiaire des nerfs moteurs sous forme de mouvement volon-

taire, pendant tout ce long trajet, disons-nous, c'est le même
phénomène qui se déroule. Or ce processus, considéré sous
sa face psychologique, et à quelque degré de son parcours
qu'on le prenne, contient également trois éléments. Nous
avons montré précédemment que la sensibilité impliquait
l'élément moteur : nous pouvons ajouter que le phénomène
sensible n'est véritablement tel qu'à la condition d'être
perçu. D'autre part la réflexion s'exerce sur des sensations
ou des extraits de la sensation et en même temps elle est
un acte. Enfin la volition, provoquée par une sensation ou
présente ou passée, n'est elle-même au fond qu'un jugement.

    Ainsi le processus psychologique, comme le processus
physiologique qu'il accompagne, est le même d'un bout
à l'autre. Mais les trois éléments qu'il renferme deviennent
successivement dominateurs et apparaissent sous ces trois
formes différentes : sensibilité, intelligence, volonté. Or
cette conclusion ne contredit-elle pas à son tour la thèse
que nous soutenons et, sans nous en apercevoir, n'aurions-
nous pas prouvé plus que nous ne voulons? A trop rapprocher ainsi la sensibilité de la volonté, ne courons-nous pas
le risque de confondre avec elle l'intelligence que, nous en
voulions séparer, et celle-ci n'est-elle pas, au même titre que
les deux premières, une partie intégrante de la série?

    Pour répondre à cette objection, il nous faut maintenant
nous demander quel est de ces trois éléments celui qui est
fondamental. Cet élément n'est pas évidemment la conscience.
Celle-ci, du moins la conscience claire et distincte, n'apparaît
qu'assez tard et lorsque sont remplies certaines conditions
d'intensité et de durée. Ce n'est pas davantage, nous l'avons
vu, la sensibilité, qui ne peut se développer que dans un
organisme capable de réagir contre les impressions extérieures. Ce n'est pas non plus la volonté consciente et
réfléchie, qui n'apparaît qu'en dernier lieu et qui est comme
le dernier épanouissement de nos facultés intellectuelles et
sensitives. Mais ne serait-ce pas cette activité qui déjà

se manifeste dans le protoplasma, puis dans la cellule organique, sous forme d'irritabilité, et qui enfin, parvenue à la lumière de la conscience, s'exprime dans les organismes supérieurs de trois manières différentes ? Or de cette activité nous ne pouvons nous faire une idée si ce n'est grâce à la volonté.

La première forme de cette activité est le désir. Celui-ci n'est en effet que la tendance consciente à éviter une peine, à renouveler un plaisir. Or le désir accompagné de plaisir ou de peine n'est-il pas précisément la sensibilité? Qu'est-ce que la volonté, d'autre part, si ce n'est un désir qui se mesure avec d'autres tendances, d'autres sentiments, d'autres désirs ? Quant à la conscience, que l'on trouve unie à la fois au désir et à la volonté, elle n'en est que l'accompagnement. Il est trop clair, en effet, que le désir existe par lui-même tel qu'il est, en vertu de sa propre nature, et, malgré l'apparence contraire, l'action de la conscience réfléchie n'est pas plus grande sur la volonté. Ce n'est pas la conscience que nous avons de nous-même, de nos sentiments, de nos tendances, qui est cause de la volition : la volition est produite, non par la conscience, mais en elle. Il serait inintelligible de dire que la conscience produit un phénomène volontaire, d'où il suit que cette faculté doit être considérée comme radicalement distincte de la volonté.

III. — Ainsi donc la conscience n'est pas un facteur véritable de la volition. Nous nous séparons cependant de la théorie bien connue, d'après laquelle la conscience ne serait qu'un reflet du processus physiologique, lequel constituerait à lui seul l'élément fondamental que nous cherchons et expliquerait tout le reste. C'est là en réalité ne voir que les conditions matérielles du processus psychologique, et non pas en donner l'explication. Pour déterminer le rôle que joue la conscience, essayons de nous rendre un compte plus exact du mécanisme intérieur que nous avons décrit.

Étant donnée la tendance que l'on trouve à l'origine même
et à la base de la vie physiologique, dans quel sens va-t-elle
se diriger? « Le tissu, dit H. Spencer, agit de manière à
» assurer le plaisir et à éviter la peine par une loi aussi
» naturelle que celle par laquelle une aiguille aimantée se
» dirige vers le pôle ou un arbre vers la lumière. » C'est ce
même but qui dirige les manifestations les plus hautes du
désir et de la volonté. La sensibilité ne recherche et ne peut
rechercher que son bien. « C'est là une vérité si évidente, dit
» quelque part M. Ribot, qu'il a fallu pour l'obscurcir des
» siècles de métaphysique ». Quelle que soit la puissance des
motifs destinés à solliciter la sensibilité dans un sens opposé
à ses inclinations, elle suit ses appétitions fatales vers ce qui
lui convient et s'éloigne de ce qui lui répugne. C'est dans ce
sens que Preyer a pu dire que l'acte de volonté n'est possible qu'à la suite de perceptions, de comparaisons répétées
entre les sensations, comparaisons qui permettent de distinguer les sensations désirables de celles qui ne le sont pas.
« Déjà même avant la naissance, ajoute ce philosophe [1], et
» aussitôt après, les contres moteurs possèdent une excita-
» bilité variable : avec les sensations agréables l'impulsion
» motrice est moindre, avec les sensations désagréables elle
» est plus grande. » De ce même avis enfin était Bain, quand
il disait que la fonction propre de nos facultés actives est de
détourner la douleur, de conserver et de reproduire le plaisir,
et quand il ramenait à cette fin unique tous les mobiles
différents qui nous font agir.

Par eux-mêmes les motifs n'ont aucune influence sur la
volonté. La comparaison des motifs à des poids que l'on
placerait sur les plateaux d'une balance et dont le plus lourd
ferait pencher le fléau dans un sens ou dans l'autre, est on
ne peut plus inexacte. Cependant la volonté n'est pas non
plus indéterminée dans le sens où l'entendaient les partisans

[1] Preyer. *L'Âme de l'Enfant*. Trad. de Varigny.

du libre arbitre : si elle choisit l'un ou l'autre motif, c'est qu'elle a, comme on dit, ses raisons, mais ces raisons lui viennent d'elle-même et non pas du dehors.

Entre les différents états de conscience qui se présentent à titre de buts également possibles, pourquoi l'un est-il choisi de préférence à tous les autres ? C'est précisément le caractère, c'est-à-dire l'ensemble de nos inclinations, de nos tendances qui l'explique. Si tel état de conscience est accepté, tel autre exclu, c'est qu'il y a entre le premier état et la somme des tendances qui constituent le moi une certaine affinité, et c'est qu'il y a au contraire antagonisme entre le second état et ces mêmes tendances. Sont donc rejetés les motifs qui répugnent à nos secrets sentiments, à nos désirs, acceptés ceux qui leur agréent. Il y a entre les motifs et nos tendances une sorte d'attraction ou de répulsion analogue à celles qui expliquent les diverses combinaisons de la chimie. L'horreur pour un crime qu'on nous proposerait, n'est autre chose, dans le sens vrai du mot, qu'une répulsion violente. Au contraire l'enthousiasme pour une idée est comme un soulèvement de l'être tout entier vers cette idée dans laquelle il se reconnaît.

Comment va s'opérer maintenant cette réaction ? Elle est une adaptation de l'individu à des conditions plus ou moins complexes ou variables. Quand ces conditions sont très simples et toujours les mêmes, l'individu réagit d'une façon automatique. Lorsqu'elles deviennent plus complexes et plus variées, l'adaptation met à se faire un certain temps. C'est alors le moment bien connu de la délibération. La délibération se termine par un choix et, dans ce choix, c'est encore le caractère qui s'exprime.

C'est donc le caractère et non, comme on le croit généralement, l'intelligence qui, dans la résolution, apprécie les motifs. « C'est du caractère, dit le docteur Le Bon [1], que » dépend notre conduite sous l'influence des motifs, c'est-à-

---

[1] Dr Le Bon. *Revue philosophique* (t. IV, p. 496).

» dire notre volonté... Suivant que l'individu sera énergique
» ou faible, émotionnable ou non, bon ou méchant, avec une
» intelligence égale et en présence de motifs égaux, sa
» conduite sera tout autre. » Il arrive souvent que l'intelligence se fasse à cet égard illusion. Nous prenons une
résolution, nous agissons, puis ensuite nous donnons après
coup les motifs de notre conduite. Nous nous représentons
alors les motifs purement intellectuels qui nous ont paru
nous guider. En réalité ces motifs n'ont pas eu la moindre
influence sur nos déterminations. Ce qui nous a déterminé,
ce sont nos sentiments et nos penchants. Ces sentiments et
ces penchants ont lutté les uns contre les autres, puis ils se
sont concertés et groupés sans aucune intervention de la
raison. De cette lutte nous ne connaissons que le résultat, qui
s'est manifesté par un accord.

C'est que le moi, c'est-à-dire la personne sentante, agissante et pensante, veut l'unité. Vivre, pour lui, c'est se faire
et il revendique tous ses actes. Il ne peut admettre que
paraisse émaner de lui quelque chose qu'il n'ait pas voulu.
Aussi s'efforce-t-il de se prouver à lui-même et de prouver
aux autres la rationnalité de sa conduite. Bien que la raison
n'intervienne guère dans la plupart de nos résolutions et de
nos actes, nous ne sommes jamais en peine, une fois ces
résolutions prises, une fois ces actes accomplis, de les justifier.
Nous avons tous la prétention d'être guidés par des motifs
purement rationnels, alors que, la plupart du temps, c'est
uniquement notre sensibilité, ce sont nos inclinations et nos
tendances qui nous guident.

Parfois, cependant, bien que moins souvent qu'on ne le
pense, la délibération précède l'acte; mais, même dans ce cas,
c'est le sentiment, c'est l'inclination, non l'idée qui nous fait
agir. C'est l'idée, il est vrai, qui permet aux sentiments de
s'organiser, de se grouper. Mais si les tendances et les sentiments s'organisent, c'est en vertu de la force qui leur est
inhérente, non de celle qui leur vient de l'idée. « Folles ou

» sensées, dit Maudsley[1], nos croyances ne sont pas le produit
» de notre raison ; elles ont leur racine dans cette partie de
» nous-mêmes qui est inconsciente et dont nos sentiments
» révèlent l'état. C'est aussi des sentiments que naissent les
» impulsions à l'action, la fonction de l'intelligence, comme
» celle du timonnier qui est à la barre n'étant que régula-
» trice. »

L'office de l'idée est simplement, comme on le voit, de
fournir une règle à la volonté. L'idée, qui provient de nos
puissances sentimentales, se pose à part, et, une fois posée,
devient un centre autour duquel ces mêmes puissances viennent se grouper et s'unir. Ces puissances, ainsi réunies, par le
fait même de leur union et de la conscience qui les enveloppe,
acquièrent une force qui leur permet de lutter contre les
tendances antagonistes d'une façon plus efficace. Mais la
conscience qui les accompagne et l'idée qui les réunit en un
faisceau n'en sont pas moins d'une nature différente de la
leur. L'idée, la représentation n'est qu'un guide ; elle n'est
acceptée par les tendances que si celles-ci la reconnaissent
comme leur étant conformes, de sorte que, en dernière analyse, ce sont les tendances qui décident, et non pas l'idée.

La conclusion de ce chapitre, comme du précédent, est
donc bien que l'intelligence doit être exclue du caractère.
Nous ne voudrions pas cependant être accusé de scinder,
d'amputer la nature humaine et de vouloir lui enlever ce qui
fait qu'elle est elle-même. Le soin que nous avons pris au
contraire de montrer le lien de ses différentes facultés
protesterait d'ailleurs contre une telle interprétation. Il
n'en reste pas moins prouvé, semble-t-il, que c'est dans
notre façon particulière de sentir et de réagir que notre
caractère se manifeste. Sans doute l'espèce humaine possède
sa marque distinctive qui l'élève infiniment au-dessus des
espèces animales, et cette marque distinctive est précisément

[1] Maudsley, *Le crime et la folie*. Introduction.

la raison. On pourra objecter aussi que, si l'homme réagit souvent d'une façon en quelque sorte mécanique, il peut réagir également d'une façon qui lui est propre, et que c'est dans ce cas seulement qu'il est vraiment homme. Il faut bien convenir, d'autre part, que les cas où l'homme n'agit qu'après mûre réflexion sont rares, qu'il n'est lui-même dans la plupart de ses actions qu'un automate bien réglé, que l'habitude et l'instinct jouent dans sa vie le plus grand rôle, qu'il croit bien souvent vouloir ce que veulent pour lui, sans intervention de la raison, ses inclinations, ses passions, et que, même lorsque la raison intervient, c'est encore néanmoins son caractère qui s'exprime. Vouloir c'est affirmer, nous le voulons, mais c'est affirmer pratiquement et si dans le sentiment nous voyons la volonté naissante, dans la volonté nous retrouvons le sentiment éclairé par la réflexion. Quant à la faculté de raisonner prise en elle-même et se détachant pour ainsi dire du rameau commun, nous la considérons comme un épanouissement ultérieur et, si l'on veut, supérieur en un sens de la nature humaine, mais en la distinguant, comme elle s'est elle-même distinguée, de nos facultés actives qui sont au fond sensibilité et volonté, nous ne faisons que reproduire l'ordre de la nature.

Ainsi donc l'on peut dire que la pensée rentre dans le caractère, s'il s'agit du jugement pratique, qui n'est pas d'ailleurs autre chose que la volonté qui s'affirme, mais on ne peut le dire, s'il s'agit du jugement théorique qui spécule sur des idées pures et indépendamment de l'action. Il est pour nous plusieurs façons de nous adapter au monde dont nous faisons partie : nous pouvons nous y adapter physiquement en vue du plaisir ou de l'utilité, moralement en vue du bien et du beau, intellectuellement en vue du vrai. Ce dernier mode d'adaptation est encore une réaction de la personne, mais ce n'est plus une réaction proprement individuelle, car la science est, au contraire, l'absorption des personnes dans l'unité de son objet qui est universel.

Si, par conséquent, la pensée peut être considérée comme faisant partie du caractère, ce n'est jamais que dans la mesure où elle a en vue la pratique et elle est, dans ce cas, subordonnée à la sensibilité et à la volonté : elle est, comme s'expriment les mathématiciens, fonction de ces deux facultés.

CHAPITRE IV

L'Émotion et la Passion.

L'émotion et la passion étant les deux grands ressorts de notre vie affective et volitionnelle, nous voudrions examiner dans ce chapitre quelle en est la nature, en quoi elles diffèrent et en quoi aussi elles se ressemblent.

« Toute chose, autant qu'il est en elle, s'efforce de persé- » vérer dans son être. » Ainsi s'exprime Spinoza dans la IIIe partie de l'Ethique. L'âme a de plus conscience de son effort, et l'*appétit* (appetitus) accompagné de conscience est ce qu'on appelle le *désir*. Tout ce qui est favorable à la conservation, à l'accroissement de notre activité nous paraît bon et provoque en nous le *plaisir :* ce qui lui est défavorable au contraire nous apparaît comme mauvais et provoque en nous la *douleur*. Ni le plaisir ni la douleur ne peuvent être définis, car définir un terme c'est faire rentrer l'objet qu'il exprime dans une classe supérieure, et le plaisir et la douleur, étant des faits ultimes de notre sensibilité, ne peuvent rentrer dans aucun genre. Comment d'ailleurs les définir, si ce n'est en les ramenant à des concepts, ce que seuls les intellectualistes pourraient faire. Pour nous le plaisir et la douleur ne sont donc, ni des idées inadéquates et confuses, ni une sorte d'obscur jugement exprimant l'approbation et la désapprobation et dans lequel le sujet n'aurait pas encore pu se distinguer du prédicat.

I. — Provoqués par une cause non plus physique mais morale, le plaisir et la douleur deviennent la *joie* et la *tristesse*. La joie répond à un accroissement de la vie physique, la tristesse à une diminution. L'une et l'autre supposent, il est vrai, l'imagination, mais toutes deux sont accompagnées des mêmes modifications dans l'organisme que le plaisir physique et la douleur, et, d'autre part, l'insensibilité morale peut comme l'insensibilité physique résulter d'un désordre physiologique.

Le plaisir et la douleur physiques sont des *sensations*, la joie et la tristesse sont des *sentiments*. Or, ceux-ci comprennent deux groupes : les *passions* et les *émotions*.

Par quoi est caractérisée l'émotion ? « Ce mot, dit Maudsley [1], est une induction résumant l'expérience du genre » humain ; et le mot *commotion*, jadis en usage pour désigner » ces phénomènes, exprimait ce fait encore plus clairement. » L'émotion est, en effet, comme un choc que produit en nous une idée ou un sentiment, et ce choc est immédiatement suivi d'un soulèvement de l'être tout entier. Aussitôt que le choc s'est produit, des profondeurs les plus cachées de la vie psychique et organique, surgissent un nombre infini de sentiments, de tendances, de souvenirs, d'idées, d'images qui viennent se fondre en une impression totale, résultat de tout ce travail, de cette intime élaboration, et l'émotion est d'autant plus forte que sont plus nombreux ces états et que plus grande est leur intensité. La condition nécessaire à la production de l'émotion est donc la possession d'un système nerveux riche et complexe, d'une certaine instabilité et dans lequel se soient enregistrées un grand nombre d'impressions personnelles et surtout ancestrales, capables de s'éveiller synergiquement, d'accourir au premier appel. En vertu de ce que Bain appelle la *loi de diffusion*, l'impression initiale qui sert de point de départ à l'émotion a tôt fait de se répandre

[1] Maudsley. *Physiologie de l'Esprit.* Chap. VI.

dans tout l'organisme, où elle provoque toute une série de
réactions à la fois physiologiques et psychiques. L'émotion
est comme une clameur qui s'élève de tous les points de
l'organisme, c'est un accord où toutes les consciences qui
constituent l'individu total vibrent à l'unisson.

Est-il vrai maintenant, comme le prétendent W. James et
Lange, que l'émotion ne soit que la conscience de tous les
phénomènes organiques qui l'accompagnent? Nous pensons
plutôt, avec Spencer et Wundt, que l'émotion doit être considérée comme étant l'événement total, qu'entre les deux séries
de phénomènes qui se déroulent il n'y a qu'un rapport de
concomitance et non pas de cause à effet. Cela dit, nous ne
craindrons pas d'insister sur les conditions physiologiques
de l'émotion, puisque aussi bien, comme nous le verrons, le
matériel de l'émotion est sensiblement le même que celui de
la passion.

Les différents organes des sens (vision, ouïe, olfaction, etc.)
ont chacun leur représentant dans la substance grise des
circonvolutions cérébrales. On ne peut pas dire de même
qu'il y ait dans le sensorium un centre spécial pour chaque
émotion, mais le cerveau n'en est pas moins en rapport avec
tous nos viscères. Chacun des organes internes envoie sa
contribution à la conscience générale et toute manifestation
de l'activité viscérale se traduit dans les centres nerveux
supérieurs. « Il n'est pas dans le corps, dit Maudsley [1], un
» seul organe qui ne soit en relation intime avec le cerveau au
» moyen de ses fils de communication nerveuse ; qui ne soit,
» pour ainsi dire, en correspondance spéciale avec lui au
» moyen de fibres intermédiaires ; et qui, par conséquent,
» n'affecte plus ou moins manifestement, plus ou moins spé-
» cialement, la fonction du cerveau en tant qu'organe de
» l'esprit. Ce n'est pas assez de rappeler que les palpitations
» du cœur peuvent causer de l'anxiété et de l'appréhension et

---

[1] Maudsley. *Le crime et la folie*. Introduction.

» que les désordres du foie engendrent facilement des idées
» noires ; il y a de bonnes raisons de croire que chaque organe
» a sur la constitution et la fonction de l'esprit son influence
» propre, une influence spécifique encore impossible à déter-
» miner scientifiquement parce qu'elle s'exerce sur cette vie
» mentale inconsciente qui est la base de toutes les pensées
» et de tous les sentiments dont nous avons conscience...
» La sympathie physiologique est si étroite entre toutes les
» parties associées dans la composition du corps, que, pour
» l'étude physiologique de l'esprit, il est nécessaire de l'envi-
» sager comme une fonction de tout l'organisme, comme
» embrassant toute la vie du corps. »

Or, de même que les sensations visuelles, auditives, olfac-
tives, etc. qui nous viennent du dehors sont spiritualisées,
transformées, subtilisées dans les centres de l'idéation, de
même les impressions affectives qui nous viennent des
organes internes subissent dans la substance grise des hémisphères cérébraux une élaboration appropriée. Réduit à ses
seules forces, le cerveau ne produirait pas l'émotion ; la matière
qu'il transforme, qu'il travaille par son action propre, lui
vient des organes. Le siège des émotions est sans contredit
le cerveau et Bichat se trompait en soutenant que le « cerveau
» n'est jamais affecté par les passions, qui ont pour organe
» exclusif les organes de la vie interne. » Il n'en est pas
moins vrai que chacun de nos organes internes, par l'action
qu'il exerce sur le cerveau, contribue à donner à l'émotion
ce qu'on peut appeler sa coloration.

En tant que phénomène physiologique, l'émotion résulte
donc d'une sorte de collaboration du cerveau et de nos
organes internes. Mais c'est surtout le cœur, centre de la vie
végétative, qui se trouve avec le cerveau dans un rapport
incessant d'action et de réaction. Aussi n'est-il pas étonnant
que l'on ait si souvent considéré le cœur comme le centre de
la vie affective. La pâleur du visage ou une rougeur subite
n'accompagne-t-elle pas souvent l'émotion et, si l'émotion

est trop violente, ne provoque-t-elle pas la syncope? D'autre part l'union intime de l'estomac et du cerveau nous apparaît dans la mélancolie, la neurasthénie, l'hypocondrie et l'on sait que l'état mental des diabétiques varie suivant la quantité de sucre que contient le sang.

Si les organes internes agissent sur le cerveau, le cerveau de son côté agit sur les organes internes, comme les troubles cardiaques produits par l'émotion nous le prouvent. C'est au moyen du nerf-vague ou pneumo-gastrique que le cerveau augmente ou diminue la rapidité des mouvements du cœur, la fréquence de la respiration et qu'il influe sur les sécrétions ainsi que sur les mouvements de l'estomac et des intestins. Ainsi donc l'énergie nerveuse qu'accumule l'émotion dans les cellules cérébrales peut se décharger sur les organes internes. Elle peut également suivre la voie des organes externes, et sa marche, comme le remarque H. Spencer, est toujours la même dans ce cas : elle affecte les muscles « en » raison inverse de leur masse et du poids des parties aux- » quelles ils s'insèrent », c'est-à-dire qu'elle affecte succes- sivement les muscles de la voix, les muscles grêles de la face, puis ceux des bras, des jambes, etc. Enfin l'énergie nerveuse peut suivre une troisième voie : au lieu de se répandre dans la zone motrice du cerveau, elle peut se renfermer dans la sphère de l'idéation et, au lieu de se manifester par des actes, s'exprimer par des idées et par des sentiments.

II. — Le moi n'étant pas autre chose que la somme de ses tendances, il s'ensuit que l'émotion ne se distingue pas du moi ému. C'est, il est vrai, un objet du dehors qui provoque en nous l'émotion, mais cet objet n'en est que la cause occa- sionnelle et non efficiente, et c'est dans le moi, dans sa nature intime que réside la cause véritable. Le même objet peut provoquer dans diverses sensibilités des émotions différentes ou même n'en provoquer aucune. Le pouvoir que nous possé- dons d'être ému vient de nous, exclusivement de nous, et notre être tout entier, corps et âme, est dans l'émotion.

L'émotion est donc bien l'expression de notre nature. L'ensemble de nos dispositions donne au moi une certaine teinte générale, qui est le composé extrêmement complexe d'un nombre infini de nuances, et dont nous revêtons pour ainsi dire les objets avec lesquels nous sommes en rapport. C'est ainsi que, sortant des limites circonscrites de l'organisme, notre personnalité se répand, s'épanche au dehors et qu'elle façonne à son image la réalité extérieure.

Ainsi, même quand elle ne se manifeste pas, l'émotion existe, tout au moins à l'état de tendance, dans l'individu. Elle apparaît alors à la conscience sous la forme d'un sentiment plus ou moins vague. Tel, par exemple, le sentiment si puissant de l'amour qui envahit l'âme de l'adolescent à l'époque de la puberté. La révolution physiologique qui s'accomplit dans l'organisme à cette époque de la vie s'accompagne, se double, peut-on dire, d'une seconde révolution dans la sphère des sentiments. Non seulement les tendances, mais aussi les idées prennent alors une nouvelle orientation. C'est proprement l'époque du rêve et de la poésie. Tout-à-coup l'adolescent se trouve envahi, pénétré d'un trouble inconnu. Il aime, mais sans objet déterminé : avant d'aimer quelqu'un, il éprouve le besoin d'aimer. C'est le *Chérubin* de Beaumarchais qui aime toutes les femmes, embrasse Suzanne, adore la comtesse. « Son cœur soupire, dit M. Sarcey [1], ses yeux s'allument, » son sang pétille, tout son être frémit de désirs ; il est là à » travers les senteurs du printemps, il est là avec ses » narines fraîchement ouvertes à la puberté : c'est l'*odor di* » *femina* qui le mène et l'entraîne avec violence vers l'éternel » féminin. »

La *tristesse* et la *joie* étant les deux modes les plus généraux de nos émotions, c'est par suite de nous-mêmes que

[1] Francisque Sarcey. *Conférence faite à l'Odéon*, le 11 avril 1889, sur *le Mariage de Figaro*.

procèdent ces deux sentiments. Ce n'est pas seulement l'état du ciel qui colore pour nous les objets de nuances diverses et nous les fait paraître différents, c'est encore et surtout l'état de notre âme, portée à la tristesse ou à la joie. L'âme a ses variations atmosphériques, comme le ciel; mais, de même que celui-ci a pour chaque région une certaine manière d'être permanente, de même aussi nous portons avec nous et en nous notre climat moral, qui nous fait apparaître la réalité telle ou telle et qui transfigure à nos yeux les objets et les événements.

Il serait exagéré sans doute de soutenir que nous soyons en proie, lorsque le sentiment s'éveille en nous, à une sorte d'hallucination. Le milieu avec lequel le sujet sentant est en rapport a, lui aussi, une certaine détermination qui influe sur la production du sentiment. Mais la réponse de notre sensibilité à une sollicitation extérieure n'est jamais qu'une adaptation. L'équilibre de nos tendances se trouve à chaque instant rompu et à chaque instant se reforme, et cet équilibre dépend de la nature, du nombre et de la force des tendances. Chaque état nouveau de notre moi est la conséquence de l'état qui précède, et tous ses états successifs ne sont en somme que les différents modes sous lesquels les puissances qu'il renferme se développent. Chaque sensibilité, de même que chaque intelligence, réfléchit donc le monde à sa manière. On a remarqué combien les associations d'idées de divers observateurs, placés devant le même objet, sont différentes. Il en est de même des associations bien autrement complexes que forment entre eux nos états affectifs. Toute l'attention, dans le premier cas, se porte exclusivement sur une partie de l'objet, qui est déterminée par les habitudes de l'esprit et par la nature des idées. Tout l'effort de notre sensibilité, dans le second, se concentre en un point, qui est fixé par la manière d'être habituelle de nos sentiments.

L'optimisme et le pessimisme, comme on le voit, sont bien moins des conceptions opposées de l'intelligence qu'ils ne sont des points de vue contraires de notre sensibilité. Les idéalistes prétendent que nous créons le monde, par cela même que nous en prenons connaissance. C'est bien plutôt la sensibilité qui crée le monde et qui lui donne l'aspect tragique ou plaisant, triste ou riant sous lequel il nous apparaît.

III. — Nous savons ce qu'est l'*émotion*. Nous avons à nous demander en quoi elle se distingue de la *passion*.

On semble assez disposé aujourd'hui à abandonner ce dernier terme et à lui substituer comme plus compréhensif le mot émotion. Certains psychologues, néanmoins, le conservent et il leur sert généralement à désigner l'émotion violente. James Sully considère l'émotion comme un genre dont l'affection et la passion sont des espèces, l'affection étant une disposition émotionnelle fixée et la passion étant la forme violente de l'émotion. La passion réunit selon nous ces deux caractères, c'est-à-dire qu'elle est à la fois violente et durable, et par là elle s'oppose à l'émotion, qui est modérée et passagère.

Que l'émotion soit passagère, c'est ce qui résulte immédiatement de sa nature. Nous avons vu, en effet, qu'elle est un phénomène momentané qui se produit à la suite d'une excitation. Mais, supposons que l'émotion se fixe et devienne un état permanent du sujet, supposons que, de plus, elle atteigne un degré d'intensité supérieur, et ce sera la passion. « L'émotion, dit Kant [1], est comme une ivresse qui se cuve ; » la passion comme une démence de plus en plus profonde. » Cette comparaison nous fait comprendre comment se tiennent et s'enchaînent ces deux caractères : l'intensité et la durée. L'émotion peut être très intense, mais elle atteint presque aussitôt son apogée et s'efface bientôt après. La passion au contraire ne fait que s'accroître et s'incruste de plus en plus dans l'organisation morale de l'individu. En d'autres termes,

[1] Kant. *Anthropologie*. Livre III.

l'intensité de la passion est stable, tandis que celle de l'émotion est précaire. Aussi, est-ce de la passion, bien plus encore que de l'émotion, que l'on peut dire qu'elle s'empare de l'individu tout entier. L'individu, avons-nous dit, pendant le temps qu'il est ému, ne peut être distingué de son émotion. Il est permis de dire, cependant, que l'émotion passe, tandis que l'invidu reste. On ne peut le dire de la passion, qui accompagne constamment l'individu. C'est ainsi que l'avare, par exemple, est toujours avare. Il peut avoir sans doute et il a d'autres sentiments, d'autres passions; mais, dans toutes les circons-tances de la vie qui se rapportent de près ou de loin à son vice, il le manifeste. De même celui qui est en proie à la passion de la haine prend son temps et ne fait que penser à son ennemi.

D'où il suit que l'intensité ne suffit pas pour constituer la passion, mais que doit s'y joindre la durée. La passion est dans l'ordre de la sensibilité ce que dans l'ordre de l'intelli-gence est l'idée fixe. Mais, de toutes les passions, celle qui révèle le mieux son caractère, à la fois violent et durable, est celle de l'amour. Avant de devenir passion, nous l'avons vu, l'amour est une émotion. Cette émotion peut être violente, mais tant qu'elle manque de durée, elle exprime par là que son degré réel d'énergie n'est relativement que modéré. Que l'amour, au contraire, s'établisse à demeure dans une âme, il manifeste par là même une énergie intense et alors seulement on peut l'appeler véritablement passion.

Si la passion n'est que l'émotion prolongée, elle doit avoir avec celle-ci certains caractères communs et notamment produire les mêmes illusions. On a vu comment nous colo-rions les objets des reflets de notre émotion. A bien plus forte raison cela est-il vrai de la passion. Celui qui est amoureux, par exemple, ne peut voir dans l'objet aimé que ce que sa passion lui fait voir. De là les illusions de l'amour si souvent rappelées. « Celui qui aime peut encore y voir, » mais l'amoureux fou est nécessairement aveugle sur les

» défauts de l'objet aimé, bien que huit jours après le
» mariage, il recouvre ordinairement la vue. » Qui dit cela ?
Ce n'est pas Schopenhauer, dont il semble que l'on recon-
naisse ici la note humoristique, mais c'est Kant. Apparem-
ment l'*Alceste* de Molière, qui voyait tous les défauts de
Célimène, n'était qu'amoureux, mais n'était pas amoureux
fou.

Comme l'émotion, dont elle dérive, la passion est donc à la
fois perspicace et aveugle. Elle est perspicace en ce sens que,
portant toute son attention sur un objet déterminé, elle en
voit nécessairement, elle en grossit même tout le détail.
Elle est aveugle, au contraire, en ce qu'elle néglige et omet
tout ce qui ne flatte pas l'objet de son désir. Et, non seulement la passion dirige le cours de nos pensées, mais elle
dirige nos actes. Aussi la passion est-elle bien dans le sang,
dans les nerfs, dans les muscles, dans toute la personne de
celui qui en est possédé.

IV. — L'émotion et la passion, comme on vient de le voir,
sont les mêmes dans leur essence intime et dans leurs conditions physiologiques : elles diffèrent en ce que l'émotion est
passagère et relativement *modérée*, tandis que la passion est
durable et possède un degré d'*intensité* supérieur. Or, de ce
double caractère, il en résulte d'autres que nous allons avoir
à définir.

Le premier que nous rencontrons est la *stabilité* de la passion qui s'oppose à l'*instabilité* de l'émotion. On pourrait
même presque dire, en un sens, que la passion et l'émotion
s'opposent terme pour terme l'une à l'autre, qu'elles ne peuvent se trouver réunies, que là où il y a beaucoup d'émotion,
il y a ordinairement peu de passion, et que la passion, d'autre
part, semble exclure l'émotion. De là, une extrême mobilité
chez celui qui est surtout doué d'émotion et, au contraire,
de l'entêtement, de l'opiniâtreté chez celui que domine la
passion. Le Français, par exemple, très impressionnable, est

aussi très mobile, tandis que l'Italien ou l'Espagnol couve sa vengeance et, comme dit Kant : « s'opiniâtre dans son amour » jusqu'à la frénésie ».

L'émotionnel est donc, en un sens, plus soumis que le passionné à l'influence des circonstances extérieures : il est, en quelque sorte, plus *plastique* et plus *malléable*. Sans doute le passionné lui-même n'échappe pas à cette influence, et il nous sera donné de rencontrer, même dans ce groupe, des instables. Mais si les circonstances, le milieu, la volonté d'autrui peuvent agir sur l'un et sur l'autre, c'est d'une manière différente. Tout en étant très personnelle aussi, la réaction de l'émotionnel est, si l'on peut dire, moins indivi- duelle que ne l'est celle du passionné. L'émotionnel subit facilement l'empreinte des circonstances, tandis que le pas- sionné leur impose plutôt la sienne. Aussi est-ce le *système sensitif* qui est surtout développé chez le premier, tandis que le *système moteur* l'est plus particulièrement chez le second.

De ce qui précède il résulte que le passionné sera, plus que l'émotionnel, un *volontaire*; ce qui ne veut pas dire qu'il soit toujours et nécessairement doué d'une volonté forte. Il y a des faibles parmi les passionnés comme parmi les émo- tionnels. Mais, alors que l'émotionnel subit l'influence du milieu sans opposer la moindre résistance, le passionné au contraire réagit, et souvent même avec une violence d'autant plus grande, que plus faible est sa volonté. Le passionné peut se laisser conduire par les événements, mais ce n'est que lorsqu'il croit les diriger, qu'il leur obéit de bonne grâce. C'est parmi les passionnés, non parmi les émotionnels, que l'on rencontre ce caractère, si commun et si souvent décrit, qui ne peut souffrir la contradiction, mais qui prend constamment en revanche le contre-pied de l'opinion d'autrui, et qu'on appelle le caractère contrariant.

Être volontaire, dans le sens que nous venons d'indiquer, c'est donc tout rapporter à soi, c'est vouloir imposer sa personnalité, en un mot c'est être égoïste. L'*égoïsme*, l'amour de soi, est en effet le fond de toute passion, comme l'*altruisme*, l'amour des autres, est le fond de toute émotion. Que l'on considère les diverses passions, l'amour de la gloire, de la richesse, des honneurs, l'amour même de la patrie, de la famille, sous chacune d'elles, La Rochefoucauld a raison, se dissimule l'égoïsme. Mais, là où le profond moraliste s'est trompé, c'est quand il a cru voir que la passion était le tout de l'homme, et quand il n'a pas su distinguer cette dernière de l'émotion. Celle-ci est, en effet, tournée vers le dehors, autant que la passion l'est vers le moi. Que nous soyons profondément émus à la vue d'une infortune imméritée, que nous soyons transportés et ravis à l'audition d'une symphonie qui nous charme, que dans un élan véritablement patriotique nous volions à la défense du drapeau, toutes les fois, en un mot, que sans aucun calcul, sans aucune vue d'intérêt, sous l'empire de l'émotion, nous sortons en quelque sorte de nous-mêmes, dans tous les cas de ce genre, disons-nous, quelque rares qu'ils puissent être d'ailleurs, nous quittons la sphère de l'égoïsme et nous entrons dans celle de la sympathie.

Mais ici nous rencontrons une difficulté. Nous avons en effet distingué antérieurement des sentiments égoïstes et des sentiments sympathiques, et nous avons d'autre part présenté les sentiments comme un genre, dont l'émotion et la passion sont les espèces. D'où il semblerait résulter que les sentiments égoïstes sont des passions et que les sentiments altruistes sont des émotions, et nous aurions ainsi une nouvelle manière de distinguer la passion de l'émotion. A ce compte, l'amour de la volupté, de la richesse, des honneurs seraient des passions, tandis que l'amour de la famille, de la patrie, l'amour du vrai rentreraient dans l'émotion. Mais, alors, que devient notre distinction, d'après laquelle la passion n'est autre chose que l'émotion à la fois durable et intense ?

Que les sentiments qui ont pour objet l'amour du moi soient des passions, il n'y a, semble-t-il, sur ce point nulle

difficulté, car, même chez les natures les mieux douées, l'amour
du moi possède toujours l'intensité et la durée, et quant aux
sentiments désintéressés, l'on peut dire qu'ils sont toujours
rares et passagers. L'état naturel, normal et presque permanent de l'homme, comme de tous les êtres vivants, est l'amour
qu'il se porte à lui-même et ce n'est qu'à de rares intervalles
qu'il s'élève sur ces sommets où il peut lui-même s'oublier.
Les moments où l'homme est prêt à se dévouer à une noble
cause, à une idée, non par ambition personnelle, mais par un
effet du seul amour qu'il porte à cette idée, à cette cause, ces
moments, disons-nous, sont courts et ne se répètent que
rarement. C'est pourtant seulement dans ce cas que l'émotion,
dépouillée de tout élément étranger, nous apparaît tout à fait
pure. Sans doute, alors l'émotion est très intense, mais, à
cause même de cette intensité, elle dure peu, et c'est même
pour cela que nous avons dénié à l'émotion, pour l'accorder
à la passion, l'intensité réelle. Aussi l'émotion disparaît-elle
bientôt ou devient-elle passion. Dans ce cas, en même temps
qu'elle devient plus durable, l'émotion change de nature et,
perdant peu à peu de sa pureté, elle se transforme en un
sentiment plus complexe. C'est alors surtout qu'apparaissent,
pour se combiner avec le sentiment fondamental, tous ces
éléments adventices que nous signalions dans un chapitre
précédent.

On voit par là combien l'émotion proprement dite est rare
et que, le plus souvent, elle est accompagnée de passion. Aussi
n'y a-t-il pas de caractères qui soient purement émotionnels,
pas plus d'ailleurs qu'il n'y a de caractères purement passionnés. Mais la passion domine chez les uns, tandis que
l'émotion domine chez les autres. On peut ajouter que, même
chez les caractères émotionnels, la passion est rarement à l'état
pur. Les sentiments de l'émotionnel lui-même sont complexes;
mais, en vertu de la prédominance du système sensitif, c'est
l'émotion qui donne sa nuance au caractère émotionnel, de
même que, en vertu de la prédominance du système moteur,

c'est la passion qui la donne au caractère passionné. C'est ainsi que, en vertu de leur constitution à la fois organique et psychique, les uns sont plutôt portés à l'égoïsme et les autres à la sympathie, et, comme l'égoïsme se manifeste surtout par les sentiments *énergiques*, la sympathie par les sentiments *tendres*, cela nous fournit un dernier trait qui complète l'étude comparée que nous venons de faire de la passion et de l'émotion.

CHAPITRE V

L'Élément intellectuel.

L'étude que nous venons de faire de l'émotion et de la passion nous servira de fil conducteur pour la classification des caractères. Suivant que l'émotion ou la passion dominera, et suivant leur degré d'intensité, suivant qu'elles se combineront, ou même qu'elles seront absentes l'une et l'autre, nous serons en présence de tel ou tel genre.

Il nous reste maintenant à indiquer l'effet produit par l'apparition du facteur intellectuel. Nous avons démontré que cet élément, en ce qui concerne le caractère, n'était que secondaire. Il dépend en effet de notre sensibilité et non notre sensibilité de lui, et ce n'est pas seulement son degré qui en dépend, mais plus encore sa nature.

S'il est vrai, comme nous l'avons dit, que les idées sont des résidus d'impressions, il s'ensuit que telles impressions laisseront nécessairement telles idées. Suivant que nous sommes doués d'une sensibilité plus ou moins vive, plus ou moins délicate, et suivant qu'elle est orientée dans telle direction ou dans telle autre, nos impressions et par suite nos idées sont différentes.

Suivant la nature de notre sensibilité, d'autre part, l'idée pénètre plus ou moins profondément en nous. Les uns ne pensent guère que des mots, les autres pensent des idées abstraites, d'autres enfin des sentiments ou des images.

Suivant la richesse de notre sensibilité, l'idée s'accompagne d'un nombre plus ou moins grand d'impressions latentes, de souvenirs, et c'est tout ce cortège, en apparence accessoire, qui donne à l'idée la couleur qui lui est propre en chaque individu. L'idée en elle-même est quelque chose d'abstrait, de mort, de figé : c'est tout cet accompagnement de nos tendances qui la rend active et la fait vivre, et l'on peut dire que, plus notre sensibilité sera riche, plus aussi l'idée sera pleine.

Mais les idées ne sont encore que la matière de l'intelligence. Quant à l'intelligence elle-même, elle est, nous l'avons vu, une sorte de mécanisme, elle est une adaptation de notre être à des rapports de plus en plus complexes et de plus en plus éloignés dans l'espace et le temps, et c'est par le moyen des associations qui en nous s'établissent entre nos idées que s'opère cette adaptation. Or les associations ne se font pas, elles non plus, entre des idées froides et incolores, et elles dépendent également de la nature de notre sensibilité. Tel mot éveille telle idée, telle idée éveille en nous tel cortège d'images associées, et par suite, par une série d'intermédiaires, elle éveillera et fera surgir dans la conscience telle idée plutôt que telle autre.

C'est donc à la nature de notre sensibilité que les associations doivent, tout au moins en partie, d'être plus ou moins rapides, plus ou moins lentes, plus ou moins logiques ou mécaniques. Dans les intelligences abstraites, c'est-à-dire autant que possible dégagées de la sensibilité, les idées s'associent plutôt en vertu de leurs rapports rationnels. Cette nature d'intelligence est de toutes la moins personnelle, et c'est alors que l'intelligence s'est véritablement posée à part.

Mais l'intelligence vraiment vivante et active dépend de la personne, du caractère, et lui est intimement liée. Celle-là aussi, sans aucun doute, tient compte des lois de la raison ; mais en dehors de la logique universelle elle a, pour ainsi dire, sa logique propre. Suivant la nature de notre moi, les tendances qui s'éveillent en nous à l'occasion d'une idée sont différentes, et ces tendances s'expriment dans la conscience par des idées, des images ou des sentiments, qui luttent entre eux ou se concertent, qui s'associent ou se repoussent. Il n'est pas étonnant dès lors, que chacun, comme il a sa façon de sentir, ait sa manière particulière de penser. Nous pensons, peut-on dire, avec tout notre être ; et notre pensée reflète notre nature psychique tout entière, et même aussi, dans une certaine mesure, notre nature physiologique, de sorte que l'on pourrait presque dire, sans forcer les termes, reprenant le mot de Mandsley déjà cité, et l'appliquant cette fois plus particulièrement à l'esprit en tant que pensée [1], qu'il est lui aussi « une » fonction de tout l'organisme et qu'il embrasse toute la vie » du corps ».

Comme on le voit, aussitôt qu'une idée tombe dans un esprit, elle prend la teinte des sentiments qui sont en lui, qu'elle attire aussitôt à elle, et qui désormais l'accompagnent. « Tout est dit », disait La Bruyère, et en un sens le moraliste avait raison. Il est certain que le domaine des idées a été mille et mille fois retourné et fouillé, depuis qu'il y a des hommes, *et qui pensent*. Mais on peut soutenir aussi que rien n'a été dit, de ce qui peut être dit dans l'avenir. Le style n'est pas, en effet, quelque chose d'extérieur à la pensée et qui puisse, quoiqu'elle reste la même, la vêtir de façons différentes. Le style, même le plus artificiel, indique, par son artifice même, une certaine attitude, une certaine direction de la pensée : une même pensée exprimée différemment, et pensée par différents esprits, est différente. C'est ainsi que Pascal a pu dire que c'est faire œuvre originale et créatrice que de présenter des idées anciennes dans un nouvel ordre,

[1] Le mot *esprit*, de la traduction française, traduit en effet le mot *mind*, qui en anglais désigne non seulement la fonction intellectuelle, mais l'ensemble des fonctions psychiques.

et que Buffon a pu donner du style cette définition qu'il est *l'ordre et le mouvement qu'on met dans ses pensées.*

L'exemple de Pascal lui-même, si on le compare à Montaigne, peut d'ailleurs servir à montrer combien peuvent différer les mêmes idées, pensées par des esprits divers. Pascal avait fait, on le sait, de Montaigne son livre de chevet, et les mêmes pensées, bien souvent, se retrouvent dans l'un et dans l'autre. Qui prétendra cependant que Pascal n'ait pas fait une œuvre profondément originale en les pensant? Quelle transformation ces pensées n'ont-elles pas subie en passant dans son âme ardente, et combien le ton, combien l'accent n'est-il pas différent! Combien ce qui était calme, n'est-il pas devenu tourmenté; combien ce qui était souriant, n'est-il pas devenu tragique! « Aimables ou agréablement railleuses chez » Montaigne, dit M. Boutroux [1], elles deviennent, sous la » plume de Pascal, amères, troublantes, déconcertantes. Ce » n'est plus dans Montaigne, c'est en lui-même que Pascal » voit ce qu'il y voit. »

Qu'il nous soit permis, pour bien montrer combien est grande l'influence de la sensibilité sur l'intelligence, et combien est faible, au contraire, la réaction de l'intelligence sur notre sensibilité, qu'il nous soit permis de faire une hypothèse, qui ne pourrait d'ailleurs, en aucun cas, être réalisée. Supposons, unies à deux sensibilités différentes, deux intelligences exactement identiques. Il apparaît comme évident que, sollicités par des mobiles différents, les deux individus ainsi constitués, bien que l'intelligence soit la même chez l'un et chez l'autre, agiront très différemment. Bien plus, nous pouvons affirmer que leur intelligence elle-même va se modifier.

Pour répondre à ceux qui, prétendant couper le mal social dans sa racine, préconisent l'égalisation des fortunes, on a souvent fait cette simple remarque que, par suite de l'inégalité

[1] Boutroux, *Pascal* (Hachette).

des capacités individuelles et du degré plus ou moins grand
d'énergie, d'aptitude au travail des différents individus, les
fortunes redeviendraient inégales du jour au lendemain. On
peut raisonner d'une façon analogue dans l'hypothèse que
nous avons faite, et l'on peut affirmer que, du jour au lendemain,
la nature et la quantité d'intelligence réparties à chacun des
deux individus seraient changées. D'une part, les idées
prendraient immédiatement la teinte de chacune des deux
sensibilités auxquelles elles se trouveraient associées, et,
d'autre part, les liaisons de ces idées entre elles, ainsi qu'avec
les sentiments et les images qui naîtraient de chaque sensibilité, seraient pour chacune des deux intelligences une nouvelle cause de différenciation.

Supposons maintenant, au contraire, hypothèse non moins
absurde que la précédente, que la sensibilité soit la même
de part et d'autre, et l'intelligence différente. Les idées,
cette fois, ainsi que les associations, sont différentes ;
mais, en revanche, les états affectifs sont exactement identiques. Or, comme l'individu n'adopte parmi les idées que
celles qui sont en rapport avec ses états affectifs, il s'ensuit
que ces deux natures, primitivement différentes, finiront
par se ressembler. Celui des deux individus qui est le mieux
doué au point de vue de l'intelligence, verra sans doute des
nuances qui échapperont à l'œil moins perspicace de celui
qui est moins bien doué ; mais il n'y aura là, peut-on dire,
qu'une sorte de transposition des sentiments. Il y aura
d'un côté peut-être un peu plus de finesse ou d'ampleur
dans le mal comme dans le bien, et de l'autre un peu plus
d'étroitesse ou de vulgarité. Mais la direction, mais l'organisation, mais la couleur générale des sentiments seront
les mêmes.

Ce n'est donc pas, comme on le voit, l'intelligence qui fait
l'homme bon ou méchant, et qui lui donne tel sentiment, tel
désir ou telle volonté ; mais c'est l'intelligence qui se met, au
contraire, au service du sentiment, et la lumière qu'elle pro-

jette sur lui, sans d'ailleurs le changer, le rend seulement plus intense, plus délicat, plus raffiné.

L'intelligence est donc une faculté neutre, elle peut servir pour le mal autant que pour le bien et elle s'allie indifféremment aux diverses catégories de caractères. On a dit que les défauts du caractère étaient assez souvent des défauts de l'intelligence : nous répondrons que les grands scélérats possèdent en général cette faculté à un très haut degré, ce qui prouve bien que l'intelligence ne change en rien la nature de l'individu. Nous pourrions constater, d'autre part, que le sentiment possède par lui-même comme une lumière intérieure, et qu'il peut atteindre par ses seules forces une finesse et une délicatesse, inconnues de l'intelligence elle-même.

Ainsi donc, sans nier l'importance du facteur intellectuel dans la constitution de la personne humaine, nous pouvons dire cependant que ce facteur, dans le caractère, ne joue qu'un rôle secondaire. Ce qui constitue essentiellement le caractère, ce sont nos états affectifs, qui pénètrent l'intelligence et qui déterminent sa nature.

Plus l'écrivain, plus le poète, plus l'artiste met de lui-même dans son œuvre, plus cette œuvre est originale, et plus elle a par conséquent de chances de nous émouvoir. Une œuvre d'art, un beau poème expriment la personne tout autant qu'une belle action.

Cependant la dénomination de caractère ne convient pas à notre activité si, au lieu de se manifester au dehors par une action bonne ou mauvaise, elle s'exprime dans une œuvre d'art ou, d'une façon générale, dans une œuvre de la pensée. Elle reçoit alors différents noms, tels que originalité, talent, génie, suivant les cas ou le degré. Enfin le terme général qui contient tous les autres, et qui désigne à la fois toutes les qualités intellectuelles ou morales de l'individu, est celui de personnalité. La personnalité est notre manière habituelle de penser et d'agir, le caractère est notre manière habituelle d'agir et de penser en vue de l'acte.

De l'étude que nous venons de faire des éléments constitutifs du caractère, il résulte, nous semble-t-il, que nous
pouvons négliger entièrement l'élément intellectuel pour
établir les bases de notre classification. Ces bases, suivant
notre dessein, nous allons essayer de les trouver dans une
étude des tempéraments. Si cette étude nous permet d'aboutir
à un classement des caractères, fondé sur la distinction que
nous avons faite des deux éléments de l'ordre émotionnel,
l'émotion et la passion; s'il y a, en un mot, concordance entre
les résultats que nous obtiendrons, en procédant de cette
manière, et ceux que nous avons obtenus précédemment ; ce
sera pour nous une preuve que le principe sur lequel nous
nous appuyons est exact et que notre classification est, par
suite, véritablement naturelle.

CLASSIFICATION NATURELLE DES CARACTÈRES

LIVRE DEUXIÈME

Classification des Caractères.

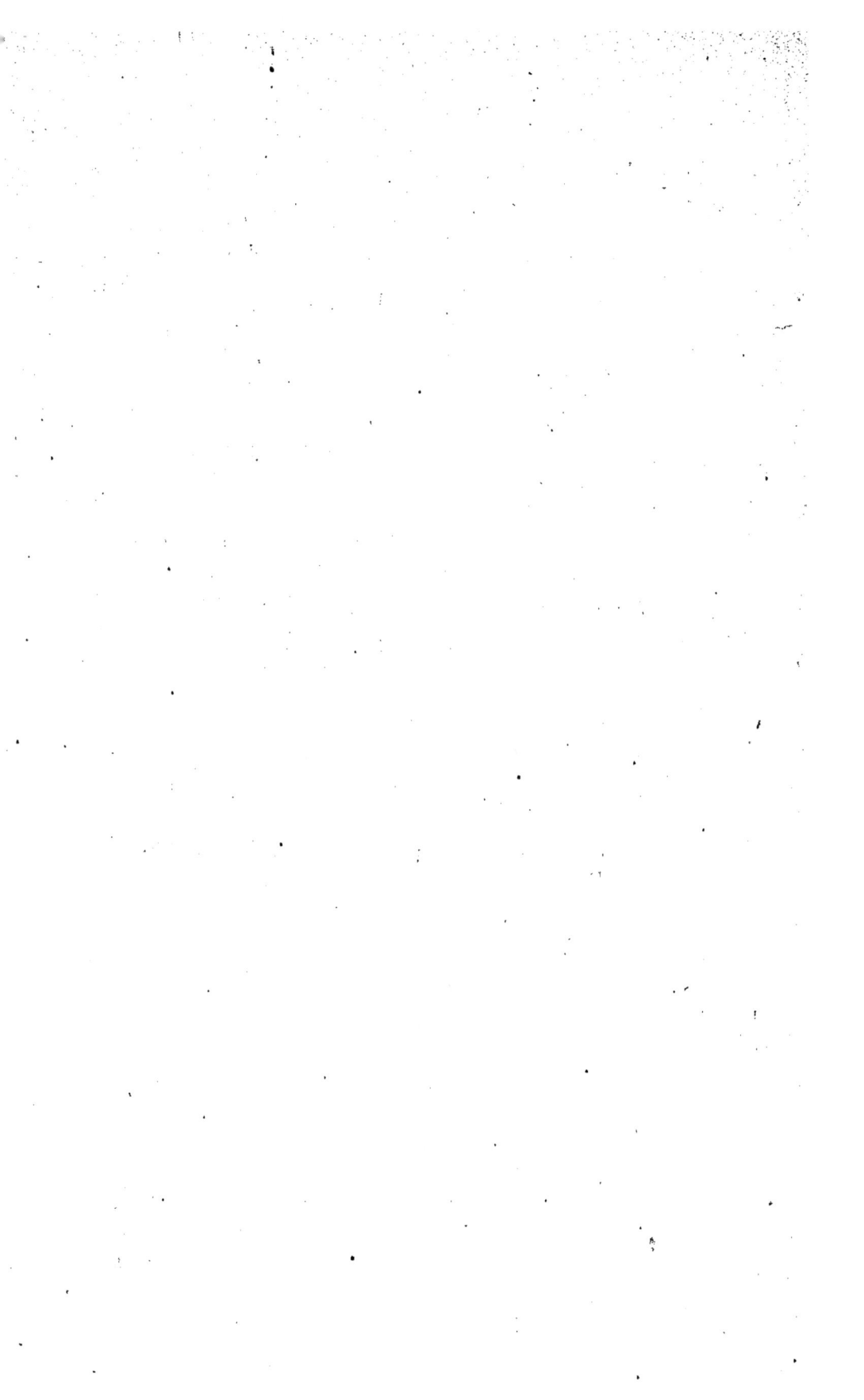

CHAPITRE PREMIER

Le Tempérament.

I. — La vie de l'individu, comme celle de l'organe, est un rythme. Les doctrines métaphysiques les plus abstraites et les plus éloignées en apparence des conditions de la réalité semblent elles-mêmes avoir fait une place à cette alternative, à cette lutte qui est au fond de tout être vivant. Tel, par exemple, le dualisme pythagoricien, et c'est sur la même observation que repose, dans les temps modernes, la doctrine plus abstraite encore de Hegel. Comment en effet de notions aussi générales, aussi vides de tout contenu que celles de l'être et du non-être, comment le philosophe allemand a-t-il pu faire sortir le système entier de l'univers, le suivre dans son évolution et nous faire pour ainsi dire assister à l'éclosion de la vie organique, si ce n'est parce que ce philosophe avait eu soin de conserver dans sa dialectique ce rythme primitif, cette dualité fondamentale qui produit et renouvelle incessamment la vie? Cette logique des contradictoires, cette synthèse de l'être et du non-être, si étrange au premier abord, n'est-elle pas pourtant la traduction, dans l'ordre de la pensée, de la loi qui préside à la formation, au développement, à la dissolution de l'être?

Cependant, ce n'est pas seulement par deux forces antagonistes que dans l'organisme cette opposition se manifeste : elle s'exprime en réalité par un nombre infini de tendances

qui se groupent et se divisent en deux camps. C'est ainsi que
le moi se trouve constitué par des tendances contradictoires
qui se font plus ou moins équilibre. Ce sont ces tendances
qui, parvenues à la lumière de la conscience, s'expriment
dans la vie psychologique par ces luttes si connues des
auteurs dramatiques et des romanciers. Etant donnés le
nombre et la complexité des tendances qui s'entrecroisent
et déterminent la conduite de l'individu, il n'est pas
toujours aisé, dans le cours ordinaire de la vie, de voir
se dégager la loi que nous venons de signaler. Mais l'écrivain
dramatique, que les lois mêmes de son art obligent à simplifier la réalité, s'il veut donner à ses personnages l'apparence de la vie, est amené à distribuer en deux groupes
les sentiments qui les animent.

Qu'on se rappelle, en effet, la manière dont Corneille et
V. Hugo, deux génies du même ordre, tous deux aussi très
conscients, construisaient, de leur propre aveu, les personnages de leurs drames. N'est-ce pas un lieu commun de
rappeler que le théâtre de Corneille est essentiellement la
lutte de la passion et du devoir, et quant à Hugo, n'a-t-il
pas fait lui-même la théorie de sa formule littéraire et
n'a-t-il pas montré comment s'unissaient, dans ses personnages comme dans la vie, le beau et le laid, la vertu et le
vice, le sublime et le trivial ? D'où vient que les deux grands
poètes se soient ainsi rencontrés dans une conception analogue ? Dira-t-on que c'est parce que leur génie était, avant
tout, antithèse ? Mais alors, n'est-ce pas que dans le génie
lui-même, on retrouve les lois de la vie ? Et Molière procède-
t-il d'une façon bien différente, quand il nous montre l'*Avare*
amoureux d'une jeune fille dépourvue de biens, le *Bourgeois*
se donnant des airs de *gentilhomme*, ou le *Misanthrope* séduit
par les charmes de la coquette *Célimène* ? A mesure que l'on
se rapproche de la réalité, les traits se multiplient sans
doute, les tendances deviennent plus nombreuses ; mais, dans
les personnes que nous voyons, que nous coudoyons chaque

jour, nous pourrions retrouver l'expression de cette loi fondamentale.

Nous sommes donc un ensemble, une réunion de vertus et de vices, de qualités et de défauts : nous sommes orgueilleux et modestes, doux et cruels, égoïstes et charitables. Chez les caractères bien unifiés, cette dualité semble disparaître, mais elle persiste néanmoins. Les tendances se sont alors groupées, hiérarchisées, coordonnées ; mais l'unité à laquelle nous atteignons de cette manière n'est pas une unité abstraite : elle est au contraire une unité pleine et concrète, riche de toutes les tendances qu'elle renferme, qui se subordonnent les unes aux autres, mais dont aucune ne se perd.

II. — Pour rattacher à cette loi du rythme la classification des caractères, une nécessité s'impose à nous, qui est de donner toute la précision qu'elle comporte à la notion un peu confuse de tempérament. Ce n'est pas sans raison, semble-t-il, que les physiologistes et psychologues qui se sont occupés le plus récemment de cette étude placent le tempérament sous la dépendance immédiate du système nerveux. C'est là, a-t-on prétendu, un point de vue un peu étroit. « On ne peut, dit M. Malapert [1], regarder le système » nerveux comme vivant d'une vie indépendante, on ne peut » faire abstraction de cette vie totale, de cette sorte d'atmos- » phère vivante et vibrante au sein de laquelle il plonge, » d'où il reçoit non seulement ses ébranlements, mais sa » vitalité propre. » Dès lors n'est-on pas amené à considérer, outre le système nerveux, l'activité plus ou moins grande de la circulation, la prédominance de tel ou tel organe, etc. ? Ne faudra-t-il pas, par exemple, compter avec Thomas des crâniens, des thoraciques, des abdominaux, ou tout au moins, avec Cabanis, faire une large part au développement relatif du poumon, du foie et du système musculaire ?

Il est certes indéniable que le système nerveux est, dans

[1] Malapert, *Les Éléments du caractère.* Première partie. Livre I.

une certaine mesure, sous la dépendance des organes. Les
actions nerveuses qui représentent la totalité de la vie organique façonnent les centres nerveux et leur donnent en
partie leur tonalité propre, leur manière d'être permanente.
C'est ainsi que le cerveau reçoit le contre-coup des sensations
qui proviennent du canal alimentaire, de celles qui sont liées
à la respiration ou à l'état des muscles, des sensations mus-
culaires proprement dites, de celles qui sont liées à l'état
de la circulation et de la nutrition. Mais ce n'en est pas
moins le cerveau qui régularise ces différentes fonctions, et
qui centralise les impressions qui lui viennent de toutes
les parties du corps. C'est grâce à lui que les multiples activités dont l'ensemble constitue la vie organique sont toutes
solidaires, et c'est lui qui les représente. Ajoutons que les
centres nerveux réagissent à leur tour d'une façon qui leur
est propre, et qu'il y a entre les différents organes et le cerveau
réciprocité d'action. Nous pouvons donc nous borner à la
considération du système nerveux, indépendamment de
l'action incessante qu'exercent sur lui les différentes activités
de l'organisme, et nous définirons en conséquence le tempérament, non pas « le résultat général pour l'organisme de la
prédominance d'action d'un organe ou d'un système »
(*Dictionnaire de médecine de Robin et Littré*), mais « l'énergie
du ressort vital ou du ton nerveux » (*Letourneau*).

C'est surtout en Allemagne que l'on s'est occupé de nos
jours de l'étude des tempéraments, et il nous paraît bien
remarquable que l'on ait généralement adopté la division des
anciens. On connaît cette division. Le tempérament étant,
selon Hippocrate, un *mélange* des quatre humeurs : sang,
atrabile, bile, pituite, il réduisit les tempéraments à quatre
types. Cette division en *sanguin*, *mélancolique*, *colérique*,
lymphatique est adoptée par Galien ; mais celui-ci, au mélange
des quatre humeurs, substitue celui du chaud et du froid,
du sec et de l'humide.

Dans la seconde partie de l'*Anthropologie*, Kant reprend à

son tour la classification d'Hippocrate, mais de plus il ramène
les quatre tempéraments à deux groupes : les tempéraments
de SENTIMENT et les tempéraments d'ACTIVITÉ, le *sanguin* et le
mélancolique formant le premier groupe, le *colérique* et le
flegmatique le second. Non content de cette réduction, Kant
la rattache à un principe supérieur. Après avoir considéré
dans l'organisme « les liquides, la partie mise en mouve-
» ment par la force vitale, ce qui comprend en outre le chaud
» et le froid qui se manifeste dans le travail de ces humeurs »,
il ajoute que « ces expressions prises de la qualité du sang
» n'ont qu'un sens déterminé d'après l'analogie du jeu
» des sentiments et des désirs avec des causes motrices
» corporelles dont le sang est la principale », et il en vient à
rattacher en dernière analyse ces deux groupes à l'excita-
bilité de la *force vitale* ou à son atonie.

Ainsi la voie était frayée dans laquelle devaient s'engager
après Kant les psychologues allemands. C'est ainsi que Henle
essaye de rattacher les tempéraments aux divers degrés de
l'activité ou tonus des nerfs sensitifs et moteurs. Les tempéraments *sanguin, mélancolique* et *colérique* représentent selon
lui cette activité portée à un très haut degré, mais avec des
nuances : c'est l'épuisement rapide des nerfs ou la persistance
dans l'action nerveuse qui caractérise le *sanguin* ou le *colérique*,
tandis que le *mélancolique* a une tendance aux émotions plutôt
qu'à l'activité volontaire. Quant au tempérament *flegmatique*
il représente le tonus des nerfs à son plus bas degré.

Wundt (*Eléments de Psychologie physiologique*) reprend,
tout en la modifiant, la théorie de Henle. Outre l'*énergie* ou
tonus des nerfs, il considère la *rapidité de succession* des
vibrations nerveuses. En combinant ces deux éléments, il
obtient lui aussi quatre tempéraments, qu'il divise en deux
catégories : les tempéraments FORTS (*colérique* et *mélancolique*) et les tempéraments FAIBLES (*sanguin* et *flegmatique*).
Le *colérique* et le *sanguin* sont PROMPTS, le *mélancolique* et
le *flegmatique* sont LENTS.

Le sanguin, comme on le voit, dans cette théorie devient un tempérament faible. Mais Henle lui-même n'avait-il pas remarqué que l'épuisement rapide des nerfs est ce qui caractérise le sanguin ? D'autre part, si ce même tempérament se trouve séparé du colérique, il lui reste cependant uni en ce qui concerne la promptitude, sinon l'énergie de ses vibrations. Quant au mélancolique, qui est considéré comme un tempérament fort et lent, il est par là même nettement distingué à la fois du colérique et du sanguin.

III. — Chez nous, tout récemment, M. Fouillée[1] a donné des tempéraments une classification très intéressante fondée sur « le rapport mutuel de l'*intégration* et de la *désinté-* » *gration* dans l'organisme en général et dans le système » nerveux en particulier. » Partant de là il distingue tout d'abord les tempéraments *sensitif* et *actif*, la fonction sensorielle favorisant l'intégration et la motrice favorisant au contraire la désintégration. Ce sont ensuite *l'intensité* et la *vitesse* de la réaction interne qui lui fournissent les subdivisions nécessaires, l'intensité et la vitesse étant *en raison inverse* l'une de l'autre s'il s'agit des éléments sensitifs et *en raison directe* s'il s'agit des éléments moteurs. De là quatre tempéraments : les SENSITIFS à réaction prompte mais peu intense ou tempérament *sanguin*, les SENSITIFS à réaction lente mais intense ou tempérament *nerveux*; les ACTIFS à réaction prompte et intense ou tempérament *colérique*, les ACTIFS à réaction lente et peu intense ou tempérament *flegmatique*.

Nous pouvons remarquer d'abord que cette classification est d'accord avec celle de Kant et qu'elle a l'avantage sur celles de Henle et de Wundt de reposer sur la division physiologique des éléments sensibles et moteurs. Comme, de plus, elle considère dans le système nerveux, d'accord en cela avec celle de Wundt, l'énergie et la rapidité des vibrations

---

[1] Fouillée. *Tempérament et Caractère*, liv. Ier.

nerveuses, elle nous apparaît par là comme une synthèse très ingénieuse des classifications antérieures.

Les critiques qui pourraient lui être adressées se résument, selon nous, en une seule, mais fondamentale. Si la classification de M. Fouillée est à notre sens on ne peut plus heureuse, l'explication qu'il en donne, néanmoins, nous paraît peu juste. Sans doute ces deux mouvements inverses d'intégration et de désintégration qui constituent le tourbillon vital sont bien la condition première de la vie, et par suite de la pensée, du sentiment et de la volonté. Est-ce cependant sur cette alternative qu'il convient de faire reposer la division des tempéraments en tempéraments de sentiment et en tempéraments d'activité ? Est-il bien certain que les premiers soient des tempéraments d'*épargne* et les secondes des tempéraments de *dépense*, que les mouvements *anaboliques* l'emportent chez les premiers et les tempéraments *cataboliques* chez les seconds ? N'est-ce par là une distinction chimérique et ne faut-il pas, pour qu'un organisme subsiste, qu'une sorte d'équilibre s'établisse entre l'épargne et la dépense ? Un organisme dans lequel les mouvements destructifs l'emporteraient décidément, ne finirait-il pas par se dissoudre, et d'autre part, peut-on se figurer un organisme dans lequel les mouvements d'intégration deviendraient de plus en plus prépondérants, sans que ces mouvements fussent compensés par un processus d'ordre inverse et proportionnel ? En quoi d'ailleurs les tempéraments de sentiment sont-ils plutôt des tempéraments d'épargne, et les tempéraments d'activité des tempéraments de dépense ? Est-ce que l'homme d'imagination, de sentiment, ne dépense pas à sa manière aussi bien que l'homme d'action ? Le travail intérieur de la pensée n'est-il pas une dépense d'énergie, n'est-il pas lui aussi accompagné d'un dégagement de chaleur, et les concomitants physiologiques et chimiques ne sont-ils pas dans les deux cas les mêmes ? La dépense musculaire, d'autre part, ne suppose-t-elle pas derrière elle une riche épargne antérieure, et, s'il est vrai que les muscles se développent sous l'influence d'un exercice modéré, n'est-ce pas que la désintégration se trouve, et au delà, compensée par l'intégration ?

Ce double mouvement n'est, en réalité, que la forme la plus générale sous laquelle se manifeste le rythme fondamental auquel se ramène la loi primitive de l'être vivant. Mais si cette loi peut s'exprimer, c'est grâce à l'irritabilité propre du protoplasma ; car c'est grâce à elle, nous l'avons vu, que des mouvements centrifuges et centripètes peuvent se produire en lui. Quant à l'intégration et à la désintégration, elles ne sont que le résultat de la combinaison et de la dissociation de ces deux espèces de mouvements. L'intégration et la désintégration sont donc, si l'on veut, la forme sous laquelle se manifeste ce double mouvement ; mais la matière, si l'on peut dire, de ce processus, ce sont les mouvements *centripètes* et les mouvements *centrifuges*.

IV. — Nous avons montré antérieurement comment la sensibilité et la volonté, indistinctes à l'origine, se différenciaient, et comment s'ébauchaient peu à peu dans l'organisme, pour devenir de plus en plus distincts, un appareil nerveux moteur et un appareil sensitif. C'est sur cette base, à la fois anatomique et psychologique, que repose la distinction des deux tempéraments actif et sensitif. Cette dualité est pour ainsi dire une traduction, une manifestation au second degré du rythme primitif, qui s'exprime à la fois par l'antagonisme des nerfs moteurs et des nerfs sensitifs et par le double mouvement en sens inverse qui s'accomplit en chacun d'eux.

Les tempéraments SENSITIF et ACTIF se divisent à leur tour, nous l'avons vu, le premier en *sanguin* et *nerveux*, le second en *colérique* et *flegmatique*. Nous avons vu aussi que la vitesse et l'intensité des vibrations sont *en raison inverse* l'une de l'autre dans les tempéraments sensitifs et qu'elles *s'accompagnent* au contraire dans les tempéraments actifs. Étant donnée la grande division des nerfs sensitifs et moteurs, il nous suffit, pour expliquer cette loi, de constater qu'une certaine durée est nécessaire à l'enregistrement des phénomènes de sensibilité, que l'intensité du phénomène est par conséquent d'autant plus grande que cette durée est plus longue; en d'autres termes que la lenteur de l'opération est une condition *sine quâ non* de son intensité : quant aux phénomènes moteurs, étant des actes plutôt organiques, ils présupposent l'enregistrement préalable et seront, par suite, d'autant plus intenses qu'ils seront moins accompagnés de conscience.

Ainsi, avec Kant, avec M. Fouillée, comme avec les anciens et avec la plupart de ceux qui se sont occupés de cette étude, nous admettons quatre tempéraments. N'y en a-t-il pas un plus grand nombre et ne peut-on pas distinguer des tempéraments mixtes ? Kant répond à cette question par la négative, et il en donne cette raison que deux tempéraments de la même classe, tous deux sensitifs ou tous deux actifs, *s'opposent* l'un à l'autre et que deux tempéraments appartenant à deux classes différentes *se neutralisent.* Il semblera que logiquement il en doive être ainsi, si l'on jette les yeux sur le tableau suivant :

Sensitifs .	{ prompt et faible	*sanguin.*
	{ lent et fort	*nerveux.*
Actifs . .	{ prompt et fort	*colérique.*
	{ lent et faible	*flegmatique.*

Ne voit-on pas en effet dans ce tableau que les tempéraments *de même catégorie* s'opposent terme pour terme l'un à l'autre, et que, de quelque façon que l'on essaye de combiner les tempéraments *de catégorie différente,* toujours et dans tous les cas l'un des deux termes, soit l'*intensité,* soit la *durée,* se trouve réduit à néant ?

Cependant, si nous observons que c'est le système sensitif qui est développé dans le premier groupe et le système moteur dans le second, nous comprenons que, si les tempéraments d'un même groupe ne peuvent se combiner entre eux, il n'en est peut-être pas de même de tempéraments appartenant à deux groupes différents. Si deux systèmes sensitifs ou deux systèmes moteurs différents ne peuvent se combiner ensemble, il n'en est plus de même s'il s'agit du système sensitif d'une part, et de l'autre du système moteur. Cependant, ici encore, nous pouvons constater que le tempérament flegmatique ne peut se combiner ni avec le sanguin ni avec le nerveux, par cela même qu'il exclut la sensibilité. Restent donc seulement comme possibles deux combinaisons, celles du sanguin ou du nerveux avec le colérique, ce qui nous donne deux tempéraments composés : le *sanguin-colérique* et le *nerveux-colérique*.

V. — Maintenant sera-t-il possible de faire reposer sur la classification des tempéraments, ainsi conçue, celle des caractères ? M. Fouillée ne l'a pas fait. C'est là une lacune regrettable, mais qui s'explique, comme on va le voir, aisément.

» La classification des tempéraments, dit quelque part » M. Fouillée [1], doit être systématique et entraîner des divi- » sions binaires. Si, par exemple, il y a des vifs, il doit y » avoir des lents; s'il y a des natures ardentes, il doit y avoir » des natures froides. Ces corrélations sont dues à des con- » trastes naturels, non à des distinctions artificielles. Nous » ne pouvons donc admettre les classifications ternaires de » M. Pérez, ni même celle de M. Ribot. » Rien de plus juste que l'idée émise par M. Fouillée dans ce passage ; et c'est là précisément une conséquence de cette loi du rythme, qui doit être selon nous l'âme d'une classification naturelle des caractères et des tempéraments. Nous recueillons donc précieusement cet aveu : une classification des caractères ne peut être *ternaire*, elle est nécessairement *binaire*. Or, c'est précisément pour avoir méconnu ce fait, cependant signalé par lui, que M. Fouillée s'est à lui-même interdit de rattacher sa

[1] Fouillée, *Tempérament et Caractère*, Livre 1er, chap. III.

classification des caractères à celle des tempéraments. En divisant les caractères en trois classes : les *sensitifs*, les *intellectuels*, les *volontaires*, M. Fouillée s'est condamné à négliger, en abordant l'étude des caractères, les résultats très importants auxquels il était arrivé dans la première partie de son ouvrage.

Nous nous trouvons donc, une fois encore, en face de cette erreur qui consiste à faire de l'intelligence un élément intrinsèque du caractère. Si l'on persiste à placer l'intelligence sur le même rang que la sensibilité ou que la volonté, toute classification naturelle devient impossible. Si, au contraire, on se résout à placer l'intelligence à son véritable rang, qui est subordonné, tout devient clair, et la classification des caractères s'établit pour ainsi dire d'elle-même. Il y aura alors deux classes générales de caractères, les sensitifs et les actifs, comme il y a deux classes de tempéraments, et les intellectuels, au lieu de former une classe à part, se répartiront dans les deux groupes précédents. Notre première division des caractères ne sera donc nullement différente de celle des tempéraments. Si l'on se rappelle, d'autre part, que les types sanguin, nerveux, colérique et flegmatique sont caractérisés par l'énergie et la rapidité plus ou moins grandes des vibrations nerveuses, on comprendra que cette subdivision, en apparence purement physiologique, ressortisse néanmoins en même temps à la psychologie. Ainsi seront soudés les deux tronçons de la chaîne, que l'on aurait pu juger, mais à tort, réfractaires à la réunion.

CHAPITRE II

Les tempéraments

Nous avons distingué deux classes générales des tempéraments : les SENSITIFS et les ACTIFS. Les sensitifs vibrent fortement ou vivement en présence des excitations extérieures et les actifs sont toujours prêts à agir avec force ou rapidité. Nous allons examiner successivement ces deux catégories.

I. — La réaction du système nerveux est chez les SENSITIFS plus ou moins hors de proportion avec l'excitation extérieure. Quelle est la cause de cette extrême irritabilité? Elle provient d'abord des viscères, des sensations internes, de l'état de l'organisme en général, en un mot des multiples excitations que le cerveau reçoit à chaque instant des différents organes; et c'est par là que la qualité et la quantité du sang, que l'activité plus ou moins grande de la nutrition cellulaire, etc. se trouvent jouer un rôle considérable dans la constitution du tempérament et par suite du caractère. D'autre part le système nerveux, et en particulier le cerveau, possède une tonalité propre et a un certain pouvoir de vibrer indépendamment des viscères. Il y a donc deux espèces de sensibilités: une sensibilité viscérale, qui s'épanouit surtout chez les enfants et une sensibilité cérébrale, qui est surtout celle de l'homme adulte. Il n'est pas vrai de dire, comme on le voit, que les sensitifs soient précisément ceux « chez lesquels » l'indépendance relative à l'égard des viscères du système

» nervoso-cérébral est la plus marquée [1] ». Ce n'est là, selon
nous, qu'une espèce particulière des sensitifs et elle ne constitue pas à elle seule le groupe tout entier. Les sensitifs sont
tous ceux qui sentent fortement ou vivement, que cette
irritabilité provienne de la vie totale de l'individu ou qu'elle
soit propre à cet organe, à la fois synthétique et particulier,
le cerveau.

« De même, nous dit-on [2] encore, de même qu'en somme
» c'est l'hallucination qui nous fait comprendre la sensation;
» que la sensation est en elle-même un phénomène nervoso-
» cérébral qui peut ou non être provoqué par une excitation
» périphérique, de même les phénomènes du plaisir et de la
» peine sont essentiellement des faits nerveux et cérébraux
» qui peuvent avoir pour occasion l'état de notre organisme
» périphérique, mais qui peuvent aussi jouer tout seuls.
» Or ceux chez lesquels il en est ainsi seraient précisément
» les véritables sensitifs. » Si l'auteur de ce passage se propose simplement d'établir que les sensitifs vibrent avec
excès et que l'effet produit, plaisir, douleur, émotion est
disproportionné à la cause, nous l'admettons nous-même
pleinement. Mais si l'on veut isoler en quelque sorte le système
nerveux, le mettre à part, en faire un organe presque complètement indépendant, c'est là une prétention qui nous paraît
exagérée. Il est vrai que le système nerveux devient chez
l'homme de plus en plus prépondérant, il est vrai aussi qu'il
n'y a pas nécessairement parallélisme entre l'état du système
nerveux et la vitalité de l'organisme en général, il est même
vrai que, dans les organisations les plus faibles, se trouve
souvent un système nerveux et surtout un système nerveux
cérébral très développé ; mais le système nerveux n'en est
pas moins lié à l'organisme, c'est en lui qu'il a ses racines,
et il vit, tout au moins en partie, sous sa dépendance. Ce n'est

---

[1] Rauh. *Revue de Métaphysique et de morale.* Année 1893.
[2] Rauh. *Ibid.*

pas seulement de l'état du cerveau que provient l'hallucination représentative, mais on peut très souvent lui assigner
aussi une cause organique comme point de départ. Il en est
de même de cette sorte d'hallucination affective que l'on peut
constater chez le sensitif et qui provient tantôt uniquement
du système nerveux, tantôt de l'état de l'organisme ou des
viscères par l'intermédiaire du cerveau. De même que la
faim peut produire des hallucinations soit de la vue, soit de
l'ouïe, de même une digestion pénible par exemple peut
produire un excès d'émotivité. Il y a entre l'organisme et
le cerveau un échange incessant d'actions et de réactions.
C'est l'état général de l'organisme, nous l'avons vu, et non
pas seulement celui du système nerveux qui provoque en
nous l'émotion, et d'autre part l'émotion s'accompagne d'une
série de réactions physiologiques. La partielle hallucination
du sensitif peut d'ailleurs avoir pour objet, non seulement
une excitation extérieure, mais même aussi les petites excitations venues des viscères. C'est ainsi qu'il s'exagérera, par
exemple, un malaise produit par un léger trouble, survenu
dans la profondeur des tissus, et qui passerait normalement
inaperçu. Son système nerveux, surexcité même à l'état normal, exagère toutes les impressions. Sa joie, sa tristesse, son
émotion sont réelles, comme l'excitation qui leur a servi de
point de départ est réelle; mais il y a disproportion entre la
quantité de l'émotion et celle de l'excitation. On peut, avec
Bain, distinguer les peines et les plaisirs correspondant à un
accroissement ou à une diminution de la vitalité et ceux qui
correspondent à un état de stimulation du système nerveux;
mais, d'où que viennent le plaisir et la peine, ceux qui vibrent
au moindre contact, ceux qui jouissent ou qui souffrent facilement, sont des sensitifs.

II. — Ce qui prédomine chez les ACTIFS, ce n'est plus le
système nerveux sensitif, mais c'est le système moteur. Les
centres moteurs ne sont pas en effet sous la dépendance

exclusive des centres sensitifs et le développement des deux
systèmes est assez souvent même opposé. « La sensibilité et
» l'activité, nous dit Bain [1], ne s'élèvent ni ne s'abaissent
» parallèlement. Le tempérament le plus actif n'est pas tou-
» jours le plus sensible ; on voit souvent, au contraire, que
» c'est celui qui l'est le moins. » Aussi, lorsque le sensitif
agit, n'est-ce pas de la même manière que l'actif, ni pour les
mêmes considérations. « Considérez, dit M. Ribot [2], un petit
» marchand, sans esprit, sans culture, appartenant à ce type
» (les actifs-médiocres) : il se dépense en allées et venues,
» offres de service, bavardages sans fin ni trêve ; ce n'est pas
» le seul appât du gain qui le soutient ; c'est la nature qui le
» pousse ; il faut qu'il agisse. Mettez un sensitif à sa place,
» il ne fera que le strict nécessaire ou ce qui l'intéresse. »
Et c'est dans ce même sens que Bain a dit : « On ne confondra
» jamais l'homme qui travaille pour faire fortune et qui se
» repose après avoir gagné de quoi vivre, avec l'homme qui
» passe sa vie à dépenser l'excès de sa force musculaire et
» nerveuse. »

Ce qui distingue l'actif, comme on le voit, c'est le besoin
de l'activité pour elle-même. Le sensitif agit parce qu'il est
provoqué à l'action, l'actif agit même en dehors de toute
sollicitation. C'est particulièrement chez les actifs qu'apparaît ce besoin de se dépenser au dehors que Bain appelle
la *spontanéité*, et c'est surtout de l'état dynamique du sujet
que dépend la réaction motrice. « Les actifs, nous dit
» encore M. Ribot, sont des machines solides, bien munies
» de force vive et encore plus d'énergie potentielle. » En
résumé, un riche fonds d'énergie et le besoin d'une grande
dépense nerveuse et musculaire sont ce qui caractérise les
actifs.

D'où vient cette facilité, cette promptitude des centres

---

[1] Bain. *Les Sens et l'Intelligence*. Trad. française, pages 52 et 53.
[2] Ribot. *Psychologie des Sentiments*. 2ᵉ partie, chap. XII.

moteurs à se mettre en mouvement et à réagir ? Elle provient
surtout, semble-t-il, de l'état de la nutrition, bien qu'il y ait,
comme le remarque M. Fouillée, nombre d'indolents, de
paresseux bien nourris et qui se portent bien. En réalité,
cette tonicité suraiguë des centres moteurs, comme celle des
centres sensitifs, peut encore provenir, soit du système nerveux lui-même, soit de la vitalité générale de l'organisme tout
entier. Il faut considérer d'abord que la structure et la
vigueur du système musculaire ont sans aucun doute une
influence très grande sur les mouvements. Plus le système
musculaire est solide, plus aussi il se trouve en état de
résister à la fatigue. De plus l'organe, ici comme ailleurs,
réagit sur la fonction, et par suite le développement du
système musculaire entraîne le besoin d'agir. Mais la tendance à l'action s'explique surtout par l'énergie spécifique
des centres moteurs, énergie qui s'explique à son tour par
l'état général de l'organisme et par suite de la nutrition. Les
centres moteurs n'agissent plus avec la même intensité dans
un corps affaibli par les excès ou la fatigue. Un organisme
très vigoureux peut, il est vrai, ne produire que peu de
mouvements; mais, pour entrer en exercice, les centres moteurs
doivent être soutenus par la vitalité suffisamment énergique
de l'organisme.

III. — Si l'on voulait s'attacher aux ressemblances et non
plus seulement aux différences des deux groupes que nous
venons d'étudier, on pourrait presque dire que les sensitifs
sont d'une manière des actifs, puisqu'il est impossible de
sentir vivement ou fortement sans réagir, et que les actifs
d'autre part sont des sensitifs, car on ne voit pas ce que serait
la réaction chez un être qui ne sentirait pas. C'est là d'ailleurs
une conséquence de ce fait que la sensibilité et la volonté,
tout en s'oppssant l'une à l'autre, n'en sont pas moins intimement unies.

Or, si nous considérons ainsi dans leur union les sensitifs

et les actifs, nous voyons qu'aux uns et aux autres s'oppose
une classe nouvelle, que nous allons avoir à dénommer.
De même que la pathologie nous montre des cas où la sensibilité générale est hyperesthésiée, et d'autres au contraire où
cette même sensibilité disparaît et où le malade n'est plus
capable d'éprouver le moindre sentiment de plaisir ou de
peine ; de même aux sensitifs et aux actifs, chez lesquels le
système nerveux réagit avec une très grande intensité,
s'opposent ceux chez lesquels le système nerveux, tant
sensitif que moteur, est pour ainsi dire atone et ne réagit
pas. Le pouvoir de réaction, chez les sensitifs et les actifs,
était supérieur à la moyenne. Ce même pouvoir, sans être
jamais tout-à-fait nul, ce qui est impossible, est à son plus bas
degré chez ceux dont nous nous occupons. Quel nom donner
à cette classe ? Faut-il les appeler les *apathiques* ? Il semble,
au premier abord, que ce nom leur convienne éminemment.
L'apathique est en effet, d'après l'étymologie du mot,
celui qui est incapable de passion ou d'émotion ; et, d'autre
part, on appelle encore apathiques ceux qui manifestent
de la répugnance à l'action. Malheureusement, si l'apathique s'oppose au sensitif, il ne s'oppose pas à l'actif. On a
remarqué avec raison que l'apathique n'était que difficilement éducable. Mais, s'il en est ainsi, ce n'est pas seulement
parce qu'il manque de sensibilité ; c'est encore et surtout
parce qu'il possède la force d'inertie, et c'est précisément
en cela qu'il se range parmi les actifs. Celui qui résiste aux
conseils, à la pression qu'on exerce sur lui, manifeste par là
un certain pouvoir de réagir. L'inertie n'étant autre chose
que la tendance de l'être à préserver dans son être, est par
là-même une action. Si l'apathique est difficilement éducable,
il l'est dans une certaine mesure cependant. Ce que l'on peut
seulement dire de lui, c'est qu'il manque de plasticité. Le
caractère dont nous nous occupons en ce moment est au
contraire essentiellement malléable. Par lui-même il n'est
ni ceci ni cela : n'ayant pas de forme qui lui soit propre, il

est en perpétuel changement et reçoit avec la plus grande
facilité les modifications qu'on lui impose. Ces modifications
n'ont d'ailleurs aucune persistance, et, malgré l'apparence
contraire, ce caractère est lui aussi difficilement éducable.
C'est par des impressions successives que l'on parvient
à transformer, à perfectionner un caractère ; mais encore
faut-il que ces impressions ne s'effacent pas immédiatement,
qu'elles persistent et ne soient pas momentanées : il faut,
pour ainsi dire, qu'elles s'incorporent à la substance qui les
reçoit. Les impressions chez l'apathique étaient lentes, il
est vrai, mais durables; elles seront, chez ceux dont nous
parlons, à la fois rapides et fugaces. Il faudrait donner
à l'*amorphe*, pour l'appeler du nom qui lui est propre,
un peu de cette force d'inertie qui, chez l'apathique, sura-
bonde. C'est à cette condition que les impressions pourraient chez lui s'organiser et produire un changement qui
ne fît pas immédiatement place à un autre. Dans cette
nature essentiellement mobile aucune trace durable ne
demeure : c'est le sable du désert sur lequel au moindre vent
tout s'efface ; tandis que l'apathique est la pierre lente à
graver mais sur laquelle tout demeure.

Or l'amorphe doit-il être tenu en dehors de la classification? Nous ne le pensons nullement. S'il ne possède en
effet ni unité, ni permanence, il n'en a pas moins sa marque
propre qui est de ne posséder ni unité, ni sensibilité ni
volonté. On peut même dire que ces deux facultés existent
chez lui, tout au moins à l'état d'ébauche, car l'absence de
l'une et de l'autre serait pour un être humain la non-existence,
le complet anéantissement.

On comprend, dira-t-on, que l'amorphe ne possède
aucune permanence, puisque la volonté, ce principe d'unité
dans l'homme, est absent; mais comment donc peut-il
changer, si la sensibilité, qui est le principe du changement,
lui fait également défaut? — A cela nous répondrons qu'on
peut changer pour deux raisons : ou par suite d'une sensi-

bilité trop vive, ou par suite de l'absence même de sensibilité. On peut changer parce que l'on est sollicité d'un instant à l'autre dans des directions différentes : on peut changer aussi parce que l'on n'est attiré vivement dans aucune direction. La sensibilité, dans ce cas, reste neutre et indifférente ; et c'est à cause de cette indifférence que l'individu se tourne sans résistance du côté vers lequel le dirige du dehors la plus grande action.

On voit par là que, s'il ne faut pas confondre les amorphes avec les apathiques, il ne faut pas davantage les confondre avec les *instables* ; car, si ces derniers varient, ce n'est pas parce que leur sensibilité est trop faible, mais, au contraire, parce qu'elle est trop vive. Si ceux-ci se transforment d'un moment à l'autre, c'est qu'ils vibrent au moindre choc. « Capricieux, dit M. Ribot, tour à tour inertes et explosifs, » incertains et disproportionnés dans leurs réactions, ils » agissent de la même manière dans des circonstances diffé- » rentes et de manières différentes dans des circonstances » identiques. » Et le même philosophe ajoute que les instables sont « les déchets et les scories de la civilisation ». Nous croyons bien, en effet, que l'extrême civilisation tend à multiplier ces caractères. Le surmenage intellectuel, la vie factice que pour la plupart nous vivons, la concurrence vitale qui devient de plus en plus âpre ; en un mot, la vie affairée, à toute vapeur, sans compter les surexcitations artificielles, sont bien propres à faire de nous des déséquilibrés, des névrosés. Au milieu des sollicitations qui nous assiègent, notre sensibilité s'exacerbe ; et, à mesure, notre pouvoir d'inhibition décroît. Nous en venons à ne plus être maîtres de nous-mêmes et nous nous trouvons finalement à la merci de notre ardente sensibilité. Au milieu du détraquement universel, l'abîme se creuse de plus en plus profond entre un pouvoir moteur qui abdique et une sensibilité maladive ; et c'est pourquoi il paraît de plus en plus urgent de rétablir l'équilibre rompu, de faire, en d'autres termes, l'éducation du caractère, c'est-à-dire de la sensibilité et de la volonté : d'apaiser, s'il est possible, la première et de la soumettre à la seconde.

Or, à quel tempérament pourront correspondre les amorphes, que nous avons distingués à la fois des instables et des apathiques? Les amorphes ne sont ni des sensitifs ni des actifs, et il nous a paru qu'il n'y avait pas de tempéraments en dehors de ces divisions fondamentales. A l'amorphe doit cependant correspondre une constitution physiologique déterminée, et par suite un tempérament. Quel sera celui-ci? Comme il ne rentre dans aucune des catégories précédemment énumérées, il aura par conséquent pour marque de ne pouvoir être caractérisé que par des négations. Mais, tout en n'étant ni sanguin, ni nerveux, ni colérique, ni flegmatique, il sera cependant un tempérament bien réel, et, pour le désigner d'un mot, nous lui donnerons le nom même du caractère qui lui correspond et nous l'appellerons le tempérament *amorphe*.

IV. — Supposons maintenant un système nerveux suffisamment riche, mais où ne prédomine ni le système moteur ni le système sensitif, et où tous deux se fassent équilibre. Nous aurons alors un nouvel état, qui n'est pas celui de l'amorphe, mais qui n'est pas non plus celui du sensitif ni de l'actif. A ce nouvel état correspond le caractère *tempéré*. Chez l'amorphe, la sensibilité est inférieure; chez le tempéré elle est supérieure ou au moins égale à la moyenne. Le tempéré, par en bas, confine à l'amorphe; mais il peut, par l'énergie du sentiment et du vouloir, s'élever aussi haut que peuvent le faire les sensitifs et les actifs.

Quel sera donc le tempérament du tempéré? Lui non plus n'est ni sanguin, ni nerveux, ni colérique, ni flegmatique; mais il n'est pourtant pas, comme le tempérament amorphe, un tempérament négatif. C'est un état de parfait équilibre des systèmes sensitif et moteur, c'est le *temperamentum tempera-*

tum des physiologistes et nous l'appellerons en conséquence *le tempérament tempéré.*

Or, les différents tempéraments forment une série linéaire. Au plus bas degré sont les amorphes, qui n'ont ni stabilité, ni unité. Viennent ensuite les sensitifs, les sensitifs-actifs et les actifs. La dispersion, qui caractérise les amorphes, dans ces trois groupes devient dualité. La lutte se circonscrit, et, au lieu de s'exprimer seulement par des tendances contradictoires, elle se manifeste par une sorte d'antagonisme entre les deux systèmes sensitif et moteur. Cependant les sensitifs sont encore plus près de la pluralité que les actifs. A cette classe appartiennent plus particulièrement les instables, qui changent eux aussi constamment comme les amorphes, parce qu'ils subissent sans discontinuité le contre-coup des influences qui leur viennent, soit de leur tempérament, soit du dehors. Si, d'ailleurs, chez les sensitifs une émotion devient prédominante, l'unité et la permanence apparaîtront et pourront même devenir à la fois très solides et très fermes. Il est trop évident que chez les actifs, et surtout chez les actifs-apathiques, la permanence et l'unité ne feront que s'accentuer, car le principe d'unité, c'est-à-dire l'élément moteur, l'emporte cette fois définitivement sur le principe sensitif. Cependant, chez les actifs comme chez les sensitifs, il y a manque d'équilibre entre les deux systèmes; et ce n'est que chez les tempérés, nous l'avons vu, que l'équilibre s'établit. La dualité, c'est-à-dire la contradiction qui est dans l'homme, est cette fois ramenée autant que possible à l'unité. Cette unité sera par conséquent très forte, elle sera riche et pleine de tendances et elle renfermera dans son sein la multiplicité.

Le tableau suivant par lequel nous terminerons ce chapitre éclaircira ce qui précède :

DIVISION GÉNÉRALE DES TEMPÉRAMENTS	TEMPÉRAMENTS PARTICULIERS
AMORPHES. . . .	*amorphe.*
SENSITIFS	{ *sanguin* (réaction prompte et peu intense). { *nerveux* (réaction lente et intense).
SENSITIFS-ACTIFS .	{ *sanguin-colérique.* { *nerveux-colérique.*
ACTIFS	{ *colérique* (réaction prompte et intense). { *flegmatique* (réaction lente et peu intense
TEMPÉRÉS. . . .	*tempéré.*

N.-B. — Nous demandons que l'on n'attache pas plus d'importance qu'il ne convient aux anciennes dénominations de *sanguin, nerveux, colérique* et *flegmatique*, que nous conservons parce que, à l'exception peut-être du sanguin, elles indiquent assez nettement ce qui caractérise chacun des quatre tempéraments fondamentaux. Il est, d'ailleurs, toujours loisible de substituer à ces noms l'explication physiologique. C'est donc simplement pour ne pas avoir à répéter constamment : *le sensitif à réaction prompte et peu intense, le sensitif à réaction lente et intense*, etc., que nous conservons les anciennes dénominations.

CHAPITRE III

Les Sensitifs

I. — C'est, nous l'avons vu, de la *vitesse* et de l'*intensité* des vibrations nerveuses que résulte le tempérament. Or, l'intensité et la vitesse sont *en raison inverse* l'une de l'autre chez les SENSITIFS. M. Fouillée, qui admet cette loi, en donne une explication. S'il en est ainsi, nous dit-il[1] , c'est que « la » sensibilité est l'action du dehors pénétrant en nous et n'y » pouvant pénétrer très avant qu'à la condition d'avoir une » certaine durée. Au contraire, l'action motrice est notre » propre énergie se détendant sur le dehors : plus la force » qui lance la flèche est intense, plus son effet est rapide ». Parfois, cependant, l'expérience semble contredire cette loi : » En fait, dit M. Malapert[2], nous pouvons constater en » nous-mêmes qu'une émotion peut éclater tout-à-coup avec » une extrême intensité et qu'inversement elle peut se » développer avec lenteur et demeurer médiocre. » Cela est vrai, et l'on pourrait presque dire en un sens que chez le sensitif, aussi bien que chez l'actif, la vivacité et l'intensité s'accompagnent. Mais c'est qu'il s'agit dans ce cas d'une intensité passagère, non de l'intensité réelle qui, à l'inverse de la première, réclame une durée suffisante. Pour les états affectifs, aussi bien que pour les états représentatifs, la durée

[1] Fouillée, *Tempérament et Caractère*, livre prem., chap. v.
[2] Malapert, *Les Eléments du Caractère*, prem. partie, chap. iii.

est la condition de la conscience. Aussi Bain a-t-il pu dire
que le temps que met un état affectif à atteindre son
maximum est le signe du degré de force qu'il a acquis. Si
d'ailleurs la sensation est trop rapide, l'émotion ne peut pas
se produire ; car il faut, pour qu'elle se produise, que la
sensation pénètre la sensibilité, qu'elle y éveille des idées
et des sentiments sympathiques, qu'elle s'en accroisse et
s'en nourrisse : en un mot, qu'elle s'y développe. L'émotion a
donc beau paraître instantanée ; encore faut-il qu'elle ait le
temps de se former, et elle réclame, comme condition de son
apparition, la durée.

La première espèce du SENSITIF est le *sanguin*, et, si nous
conservons cette ancienne dénomination, il est bien entendu
cependant qu'il est question ici moins du nombre et de la
nature des globules dans les capillaires et du mode de la
circulation que de la nature et du mode des vibrations
nerveuses. Le sanguin est donc pour nous celui chez lequel
les vibrations sont à la fois *vives et peu intenses*. De cette
vivacité et de ce peu d'intensité des vibrations résultent les
différents traits qui appartiennent à ce type. Comme les
impressions sont chez lui peu profondes, l'émotion ne peut
pas se produire ; et c'est pourquoi, pour le distinguer de
l'émotionnel, nous l'appellerons *affectif*. Comme, d'autre part,
ses impressions sont nombreuses, il est le plus souvent doué
d'une certaine instabilité : sa volonté, qui est faible, est sous
la dépendance de son extrême sensibilité.

Comme ses impressions sont peu intenses, et qu'il passe
rapidement d'une impression à une autre, il ne possède que
peu de mémoire et que peu d'imagination. Oublieux des
peines passées, il est tout à la joie présente : il est gai par
conséquent et jovial. Optimiste par tempérament, il voit
surtout dans la vie ce qu'elle a de bon. Sans être précisément
égoïste, il n'est pas non plus altruiste, car il ne se met à la
place d'autrui que difficilement. Comme on l'a remarqué, il
ne se laisse pas facilement abattre par les revers, grâce à la

remarquable aptitude qu'il a d'oublier; mais ses actes, qui n'exigent jamais un grand effort, sont surtout des paroles et des gestes, des mouvements de physionomie.

Le caractère que nous venons de décrire est, en somme, assez répandu ; mais il laisse nécessairement peu de traces. Peu de mémoire, peu d'imagination, partant peu d'idées sont en effet des conditions bien peu avantageuses pour laisser après soi une œuvre durable. Les associations se font d'ailleurs chez lui d'une façon en quelque sorte mécanique. L'affectif ne pense pas véritablement : c'est simplement le milieu qui se reflète en lui. Nous n'avons donc pas à citer comme se rattachant à ce type de noms qui soient connus de tous. Il n'en sera plus de même, lorsque nous rencontrerons l'affectif combiné avec un autre caractère dans notre étude des tempéraments composés.

II. — La seconde espèce du tempérament SENSITIF est le *nerveux*. A l'inverse de ce qui se produit chez le sanguin, la réaction est chez lui *lente mais intense*. Sans doute, si l'on oppose le sensitif à l'actif, on peut dire que la réaction du système sensitif est rapide chez le nerveux aussi bien que chez le sanguin. Mais si l'on compare le nerveux au sanguin, il apparaît que la réaction est d'une lenteur relative chez le premier, en d'autres termes que la durée des vibrations est chez lui suffisante pour que l'émotion se produise. Aussi appellerons-nous *émotionnel* le caractère qui correspond à ce tempérament.

C'est surtout chez l'émotionnel qu'il est facile de constater que l'émotion, comme nous l'avons indiqué, est un choc, une commotion. Qu'on se rappelle le bouleversement que produit chez Rousseau la lecture du sujet proposé par l'Académie de Dijon, sujet qui lui suggère l'idée de son premier ouvrage. Il sent sa tête prise par un étourdissement semblable à l'ivresse. Une violente palpitation l'oppresse, soulève sa poitrine: il ne peut plus respirer en marchant, il est obligé de s'arrêter et se laisse tomber sous un arbre. La lecture d'une œuvre de Descartes produisit, on le sait, chez Malebranche une impression analogue. Berlioz, dirigeant pour la première fois une de ses œuvres, est pris d'un tremblement convulsif, qu'il a la force de maîtriser jusqu'à la fin du morceau, mais qui le contraint ensuite de s'asseoir et de laisser reposer son orchestre. « Je ne pouvais plus, nous » dit-il, me tenir debout et je craignais que le bâton ne » s'échappât de mes mains. » Tel encore Rouget de l'Isle quand, sous le coup de l'inspiration, il compose son chant immortel. « Mon émotion était à son comble, mes cheveux » se hérissaient. J'étais agité d'une fièvre ardente, puis une » sueur abondante ruisselait de mon corps, puis je m'attendrissais et des larmes me coupaient la voix. » Citons enfin le peintre Henri Regnault, que le génie de Michel-Ange, suivant son expression, laisse à moitié mort : « C'est un coup de » foudre, ajoute-t-il, que ce plafond (le plafond de la chapelle » Sixtine). En tombant du cinquième on ne se ferait pas plus » de mal ; c'est trop beau. »

Sans atteindre constamment ce paroxysme, c'est toujours de cette manière, aussi atténuée que l'on voudra, que l'émotion se produit. Aussitôt que l'impression a lieu, elle éveille chez l'émotionnel tout un cortège d'idées, d'images, de sentiments et de tendances. Aussi faut-il d'abord signaler chez lui un riche fonds de sensibilité, fonds qui s'accroît sans cesse de toutes les sensations affectives qui s'emmagasinent en lui.

Il n'est pas étonnant dès lors que l'émotionnel, chez qui le système moteur est assez peu développé, soit lui aussi comme l'affectif à la merci de son ardente sensibilité. Si même le système sensitif, comme le fait se produit dans certains cas pathologiques, agit seul et sans contre-poids, ce caractère peut alors être considéré comme un type d'instabilité. Qu'on se rappelle l'indécision, l'irrésolution de Coleridge qui se manifestait non seulement dans ses actes, mais aussi dans son extérieur, dans sa physionomie, dans sa démarche. Que dire de sa conversation abondante, brillante, colorée, toujours d'un extrême intérêt, mais dans laquelle, au dire de Carlyle, « on se sentait logiquement perdu, » engouffré et près d'être noyé par cette marée de mots » ingénieux ». Et Jean-Jacques Rousseau, parlant de lui-même, pouvait dire qu'il aimait à s'occuper à faire des riens, à commencer cent choses et à n'en achever aucune. De même le grand peintre Watteau, au dire de ses biographes, n'avait d'autre ennemi que lui-même et une certaine instabilité qui le dominait : il n'était pas sitôt établi dans un logement qu'il le prenait en déplaisance. Un autre peintre, Delacroix, avouait qu'il était « variable comme un baromètre ».

L'émotionnel nous apparaît donc jusqu'ici comme un caractère éminemment instable, et il semblerait que dans cette catégorie dussent rentrer tous ceux qu'on a appelés es indécis, les irrésolus, les contrariants, les éparpillés, les dispersés, etc. Il n'en est rien cependant, car nous pourrons rencontrer des types de ce genre dans les autres catégories, et d'autre part nous allons voir que l'émotionnel n'est pas toujours et nécessairement un *instable*.

Les sentiments, en effet, ne sont pas chez l'émotionnel, comme chez l'affectif, superficiels et fugitifs : ils pénètrent profondément. Si les diverses tendances qui constituent la sensibilité de l'émotionnel sont à peu près de même force, il agira dans un sens ou dans l'autre suivant qu'il y sera sollicité par l'une ou par l'autre de ces tendances. Mais si un sentiment unique s'empare de lui, ou bien une puissante émotion, l'émotionnel pourra alors agir d'une façon constante et réfléchie. Sans doute il sera toujours plus ou moins plastique, et il ne voudra jamais d'une volonté aussi ferme, aussi énergique que l'actif ; mais il y aura néanmoins dans sa conduite une unité réelle.

Or, nous voyons trois manières différentes dont cette

unité peut se faire chez l'émotionnel. En premier lieu, c'est l'émotion qui d'elle-même produit l'unité. Il faut alors que l'émotion soit très puissante, qu'elle s'empare pour ainsi dire de tout l'être, qu'elle se subordonne toutes les autres tendances, qu'elle acquière la continuité.

Mais, le plus souvent, la volonté de l'émotionnel a besoin d'être soutenue par une volonté étrangère. Tel Racine, soutenu jusqu'à la chute de Phèdre par la raison solide, par la volonté ferme de Boileau, dans sa lutte contre ses ennemis. Celui qui est doué de cette forme de la volonté est, comme on le voit, très suggestible aux influences, aux impressions du dehors.

Enfin, il est pour l'émotionnel une troisième manière de vouloir. Elle est celle qui se rapproche le plus de la volonté véritable, et celle aussi que l'on rencontre, il est vrai, le plus rarement : c'est quand l'émotionnel arrête lui-même et fixe dans sa conscience, par un effort qui lui est personnel, le sentiment autour duquel il désire que se groupent en lui les tendances. Cet effort est toujours, d'ailleurs, pour l'émotionnel, très pénible; car il doit, en ce cas, arrêter les impulsions contraires au sentiment favorisé, et le pouvoir d'arrêter les mouvements, le pouvoir d'inhibition est chez lui très peu développé.

En somme, la volonté de l'émotionnel est le plus souvent assez faible. Il peut atteindre l'unité, mais cette unité n'est jamais aussi forte que quand elle se produit en lui sous l'influence d'une volonté étrangère ou bien encore d'un sentiment, d'une émotion très intense ; et, lorsque sa volonté est véritablement sienne, elle lui coûte toujours beaucoup de peine. Cependant, il nous a paru important de noter les différentes manières de vouloir de l'émotionnel, car si le caractère se traduit dans la pensée, il s'exprime par la volonté.

III. — Quelles seront maintenant les tendances qui dans

l'émotionnel domineront? Quels sentiments s'éveilleront en lui de préférence ?

Grâce à la faculté qu'il possède de se représenter les sentiments, l'émotionnel compatit facilement aux douleurs et aux peines de ses semblables. Il est donc avant tout une nature aimante : ses sentiments sont surtout altruistes ou sympathiques, et c'est bien de lui que l'on peut dire qu'il est un être sociable par définition. Ce qu'il éprouve surtout c'est le besoin d'aimer. L'égoïsme lui-même revêt chez lui un caractère particulier, et c'est ainsi qu'il se traduit moins par l'orgueil que par la vanité.

Ce besoin d'aimer qui caractérise l'émotionnel s'attache d'abord aux personnes, mais il ne tarde pas à se répandre sur tous les êtres qui l'entourent. Pour lui tout prend vie et s'anime : tous les êtres de la nature, et la nature elle-même considérée dans son ensemble, sont doués de pensée et de sentiment. Celle-ci est véritablement une personne qui participe à nos peines et à nos douleurs et qui nous aime d'une affection maternelle. Aussi devons-nous l'aimer en retour et la défendre s'il en est besoin. « On viole la terre ; elle crie » vengeance contre ses meurtrisseurs ignorants et ingrats. » On cherche moyen de sucer la substance de la terre sans y » travailler..... Ils ne font qu'avorter la terre et meurtrir les » arbres. Oui, les abus qu'ils commettent tous les jours aux » arbres me contraignent ici à parler d'affection. » C'est en ces termes que Bernard Palissy s'élève contre les agriculteurs ignorants, qui ne prennent pas la peine de fumer la terre et qui, ne sachant pas tailler les arbres, les mutilent. De même le doux moine François d'Assise enseignait les oiseaux du ciel. « Chez nul autre, dit M. Arréat [1], l'extase religieuse » n'avait contenu autant de joie sensible. Charité pour le » prochain, amour pour les créatures les plus humbles, admi-

---

[1] Arréat. *Psychologie du peintre*, III° Partie. Chap. 1er (Alcan). — Plusieurs de nos exemples sont empruntés à cet ouvrage excellent et nourri de faits.

» ration pour tout ce qui vit, fleurit et chante, inspiraient le
» génie du mendiant d'Assise. »

On conçoit dès lors que, chez les caractères qui appartiennent à ce genre, le sentiment religieux, ce sentiment qui
réalise dans un être concret, à la fois réel et parfait, toutes
les aspirations supérieures de notre âme ; on conçoit, disons-
nous, qu'un tel sentiment devienne très puissant. Le peintre
Millet était très religieux. C'était dans la Bible et les Psaumes,
disait-il à son ancien maître, le vieux prêtre Jean Lebriseux,
qu'il puisait tout ce qu'il faisait.

En revanche l'émotionnel ne s'attache que difficilement à
des *idées*; car en lui c'est le sentiment qui agit, et le sentiment
ne comporte pas l'abstraction, le général. Les idées générales,
et surtout les plus générales de toutes, comme celles du vrai
et du bien, considérées en elles-mêmes, ne peuvent qu'émouvoir assez peu sa sensibilité. Seule l'idée du beau, qui représente l'ordre et l'harmonie sentis, peut le toucher. C'est ainsi
qu'il n'aime pas la vérité pour elle-même, mais qu'elle lui
apparaît comme une forme abstraite, idéale de la beauté.
L'émotionnel ne sera pas généralement un savant : il sera
plutôt un artiste, un écrivain ou un poète. Il n'aime, il ne
conçoit le vrai que revêtu d'une forme sensible et paré
d'images, et il ne voit dans la morale elle-même qu'une partie
de l'esthétique. Ce n'est pas l'émotionnel, en effet, que le devoir
purement formel et abstrait, tel que le conçoit Kant après les
stoïciens, pourra toucher. Il ne peut comprendre le devoir
que lorsqu'il est uni au sentiment, et la charité a toujours sur
son âme plus de prise que la justice.

L'émotionnel aime donc avant tout le beau, c'est-à-dire
la proportion, l'harmonie réalisée dans une forme. De là son
peu de goût pour ce qui est disproportionné, son aversion
pour ce qui est en dehors de l'ordre, de la règle; et de là aussi
son amour du parfait et de l'achevé. Le sublime, avec ses
heurts, ses irrégularités, ses à-coups, effarouche sa sensibilité
trop délicate. Les sentiments de l'émotionnel sont des senti-

ments tendres plutôt que des sentiments énergiques, et les
œuvres qu'il produira auront de la grâce, de la beauté plutôt
que de la force.

Un autre point à signaler chez l'émotionnel, c'est la souplesse de son caractère. C'est ainsi que l'on peut opposer
la conduite habituelle de la femme, qui sait si bien se plier et
s'adapter aux circonstances, à celle de l'homme, qui va
toujours droit devant lui, mais qui est en retour bien plus
gauche et plus embarrassé; et l'on peut dire que, même exté-
rieurement, l'émotionnel se reconnaît à plus de grâce, d'agilité,
de souplesse dans les mouvements.

IV. — Quelle sera la manière de penser de l'émotionnel?
Il apparaît comme évident, d'après ce qui précède, qu'il aura
une certaine peine à abstraire, à généraliser, en un mot à
penser des idées. Le concret seul, l'impression particulière
l'intéresse. L'idée abstraite, considérée à part, est pour ce
genre d'esprit lettre morte. Du particulier, l'émotionnel tire
difficilement le général, et une idée ne peut prendre vie dans
sa pensée que s'il lui est possible de la ramener aux expériences qu'elle embrasse. Les matériaux dont est faite la
pensée de l'émotionnel sont donc des impressions particulières, des images ou des sentiments. Nous allons examiner
dans quel ordre ces matériaux s'assembleront.

L'émotionnel n'est certes pas dénué plus qu'aucun autre
de la faculté d'assembler logiquement, de coordonner les
idées. Les lois générales de la pensée sont les mêmes pour
tous les esprits. Si donc les idées générales pouvaient inté-
resser l'émotionnel et s'il pouvait s'abstraire de ses sentiments, il pourrait faire preuve d'un jugement à la fois très
rapide et très sûr. Il pourrait même être doué dans ce cas
de remarquables aptitudes scientifiques. On a remarqué[1]
que les femmes réussissent assez souvent dans les sciences

[1] Marion, *Psychologie de la femme* (Armand Colin), ouvrage posthume
publié par les soins de M. Darlu.

qui semblent au premier abord les plus éloignées de la tournure habituelle de leur esprit, dans les mathématiques.
C'est qu'il s'agit ici de nombres, de figures, d'idées abstraites
si l'on veut, mais que l'on peut néanmoins se représenter. Si
donc la femme, ce qui n'est d'ailleurs qu'une exception, porte
son attention de ce côté, elle pourra, raisonnant logiquement
comme l'homme, et n'en étant nullement détournée par ses
sentiments, ses émotions, elle pourra faire dans les sciences
de cet ordre de grands progrès. Mais il n'en est plus de même
à mesure que l'on s'éloigne de l'abstraction pure pour se rapprocher de plus en plus de la réalité, et l'on peut faire cette
constatation paradoxale que c'est précisément dans les
sciences d'observation, dans celles qui ont affaire par exemple
aux phénomènes les plus complexes de la nature humaine,
que c'est dans ces sciences, disons-nous, que la femme aura
le moins de chances de réussir. Elle pourra faire d'excellentes
observations de détail, pénétrer avec beaucoup de subtilité, de
finesse dans la nature de nos sentiments ; mais ces observations, elle ne saura pas les condenser en formules, en règles
générales. Elle en est doublement empêchée : d'une part ce
sont les observations particulières seules qui l'intéressent, et,
d'autre part, sa sensibilité est cette fois mise en émoi, car il
est question ici non d'idées, mais de sentiments, c'est-à-dire de
ce qui au monde l'intéresse le plus, et l'émotion qui s'empare
d'elle en face de cet objet l'empêche de raisonner logiquement.

Dans la pensée de l'émotionnel, ce sont donc des sentiments qui s'éveillent, plus que des idées ou même des images.
C'est ce qu'expose très bien Rousseau, parlant de lui-même
dans ses *Confessions* [1] : « Le sentiment, plus prompt que
» l'éclair, vient remplir mon âme ; mais au lieu de m'éclai-
» rer, il me brûle et m'éblouit. Je sens tout et je ne vois
» rien. Je suis emporté, mais stupide ; il faut que je sois

---

[1] Rousseau. *Confessions*. Première partie, livre III.

» de sang-froid pour penser. » Ce n'est que peu à peu, une
fois la tempête apaisée et quand le calme est revenu, que les
idées peuvent enfin se dégager de l'émotion, s'éclaircir,
devenir distinctes, s'unir entre elles et former des pensées
suivies. « Mes idées s'arrangent dans ma tête avec la plus
» grande difficulté : elles y circulent sourdement, elles y
» fermentent jusqu'à m'émouvoir, m'échauffer, me donner
» des palpitations ; et, au milieu de toute cette émotion, je
» ne vois rien nettement, je ne saurais écrire un seul mot ; il
» faut que j'attende ».

Ainsi, penser, pour l'émotionnel, c'est encore une manière,
quoique moins confuse, de sentir. Les idées sont des sentiments transformés et les associations d'idées sont surtout
des associations de sentiments : « Dans les esprits très portés
» à l'émotion, nous dit Bain [1], les liens d'association plus
» purement intellectuels se combinent et se modifient perpé-
» tuellement sous l'influence du sentiment. Le courant entier
» des pensées et des souvenirs reçoit une empreinte qu'il
» doit à l'émotion. »

Or, dans les associations de sentiments, la logique fait-
elle complètement défaut ? Non sans doute. De même que
les idées, les sentiments appellent ceux qui leur sont connexes et repoussent ceux qui leur répugnent. Et, de même
que les idées appellent ou repoussent non seulement d'autres
idées, mais aussi des sentiments ou des images ; de même
les sentiments appellent ou repoussent non seulement
d'autres sentiments, mais aussi des images et même des idées.
« Quand une émotion, dit encore Bain, possède l'esprit puis-
» samment, rien de ce qui est en désaccord avec elle n'y trouve
» place, tandis que le lien le plus faible suffit à rappeler les
» circonstances qui sont en harmonie avec son état domi-
» nant. »

C'est peut-être en cela simplement que consiste *l'esprit*

---

[1] Bain, *Les Sens et l'Intelligence*. Traduct. franç., page 514.

de finesse, cet esprit qui voit les choses d'une seule vue, qui va immédiatement droit à son but; cette sorte de divination qui permet de juger du premier coup d'œil avec une incomparable netteté. Celui qui possède cette sorte d'esprit ne prend pas la peine d'analyser ses pensées et ses sentiments: il ne raisonne pas lentement, déductivement, assurant sa marche à chaque pas, enchaînant les propositions, mais il saisit dans son ensemble la réalité, il considère dans sa complexité le tout concret sans avoir aucunement besoin d'en distinguer les éléments.

De même que l'émotionnel a sa manière propre de vouloir, il a donc aussi sa manière propre de penser, et la nature de sa pensée dépend de la nature de sa sensibilité, et même aussi de celle de sa volonté. S'il est incapable d'examiner les choses de sang-froid, de s'arrêter à considérer les idées, de les fixer dans son esprit, d'attendre patiemment que ces idées appellent à elles celles qui leur sont unies par des liens logiques et repoussent les autres idées, s'il n'a pas la force nécessaire pour intervenir et pour aider à l'adoption des premières et à l'éloignement des secondes, c'est sans doute parce que son émotion est trop puissante et ses impressions trop nombreuses, mais c'est aussi parce que l'unité de sa pensée, comme de sa volonté, est surtout une unité de sentiment, et qu'il ne possède pas ce pouvoir qui est à la base de la volonté, comme de l'attention réfléchie, le pouvoir d'inhibition.

Or, de cela même que l'émotionnel ne possède pas le pouvoir d'inhibition, c'est-à-dire le pouvoir d'arrêter les mouvements et, par leur intermédiaire, les idées, il s'ensuit qu'il sera exposé bien souvent à errer et à se tromper. Mais nos idées, tout en n'étant pas d'accord au point de vue de la logique abstraite, peuvent l'être au point de vue du sentiment, et c'est ce qui se produit très souvent chez l'émotionnel. Cette logique du sentiment pénètre alors et, dans une certaine mesure, transforme la réalité : ce n'est plus dans ce cas la pensée qui se modèle sur la réalité : c'est la réalité qui, par l'intermédiaire de l'idée, se modèle sur le sentiment. Que si, d'ailleurs, l'association des idées est commandée chez l'émotionnel, non par un sentiment unique, mais par des émotions successives, ce sera alors l'erreur complète, c'est-à-dire l'incohérence dans la pensée et dans la volonté.

V. — Comme on pouvait le supposer, ce qui dans l'homme intéresse le plus l'émotionnel, c'est encore le sentiment. Il excelle, en effet, à observer, à démêler les mobiles qui nous font agir et jusqu'à nos pensées les plus secrètes. Il est doué pour cela d'une sorte d'instinct d'une admirable sûreté. Il lit jusqu'au plus profond de notre âme : un geste, un regard, un jeu de physionomie lui suffit. Aussi le poète qui appartient au type émotionnel excelle-t-il dans l'analyse des sentiments, des émotions, des passions. Combien, par exemple, la psychologie de Racine n'est-elle pas plus fine, plus déliée que la psychologie constructive et antithétique de Corneille !

L'émotionnel est donc porté par sa nature à se replier sur lui-même et à s'analyser. Il n'est pas, comme l'émotionnel-passionné, submergé par le flot de ses pensées et de ses sentiments ; mais il possède souvent assez de calme pour pouvoir consigner jour par jour, heure par heure, ses observations. Dans cette classe se rangent donc naturellement les analystes, dont le nombre est si grand aujourd'hui, ceux qui, au lieu d'agir, se regardent penser, ceux qui ont la prétention d'assister impassibles au défilé de leurs sensations, s'amusant à noter ces dernières, en venant finalement à mépriser l'intelligence et son objet pour accorder toutes leurs préférences à leurs modifications personnelles, substituant à l'expérience sensible l'expérience interne et à l'observation de la réalité extérieure le spectacle toujours changeant, toujours varié et, selon eux, bien plus vrai, bien plus intéressant de la réalité qui est en eux. Tels, pour ne citer que de grands noms parmi les psychologues, Maine de Biran, Amiel ; parmi les poètes, Alfieri.

Or, cette tendance à l'observation intérieure conduit à la mélancolie. « Cette disposition à vivre en soi-même, dit Taine [1], » produit la tristesse. Presque tous nos moments de gaieté » nous viennent du contact changeant de nos semblables, ou » du spectacle changeant de la nature. On se dissipe, on » s'occupe, on oublie, on rit : bonheur léger et passager qu'il » faut prendre ou perdre, sans beaucoup le regretter ni » l'attendre, et sur lequel il ne faut pas réfléchir. L'homme » réfléchi le trouve misérable, et, comme il n'y en a pas » d'autre, il juge que la joie n'est pas. » Et Jouffroy, à propos de qui Taine écrivait ces lignes, Jouffroy, dans son *Cours d'Esthétique*, disait : « A la vue d'un arbre, sur la montagne, » battu par les vents, nous ne pouvons pas rester insensibles ! » Ce spectacle nous rappelle l'homme, les douleurs de sa » condition, une foule d'idées tristes. »

La mélancolie, cet état d'âme presque inconnu des anciens, est au contraire très répandu chez les modernes. On a divisé les émotions en deux groupes : les émotions *sthéniques* qui ont pour effet de surexciter l'activité, et les émotions *asthéniques*, qui ont plutôt un caractère déprimant. Mais les unes et les autres, quand elles se renouvellent trop souvent, produisent chez celui qui les éprouve une sorte de dépression. Cette dépression de la sensibilité retentit sur l'intelligence et oriente les idées dans un sens plutôt pessimiste. On a même pu penser que la mélancolie était toujours plus ou moins d'une origine sensitive, et même, généralisant, on a conclu qu'un désordre dans les idées avait toujours pour cause un désordre dans les sentiments.

On aurait pu remarquer cependant que l'habitude de scruter ses propres sentiments aboutit à un résultat analogue, car la pensée, à force de se replier sur elle-même, finit

---

[1] Taine. *Les philosophes classiques du XIX⁰ siècle.*

par ne plus rencontrer rien de solide. « Mon esprit, disait
» Amiel, est le cadre vide d'un millier d'images effacées.
» Stylé par ses innombrables exercices, il est toute culture,
» mais il n'a presque rien retenu dans ses mailles. Il est
» sans matière, il n'est plus que forme. Il n'a plus le savoir,
» il est devenu méthode. Il s'est éthérisé, algébrisé. »

Ce que nous venons de dire explique, selon nous, le pessimisme qui a envahi l'âme contemporaine. Par suite du
surmenage sous toutes ses formes, de la fatigue cérébrale, la
sensibilité est devenue prépondérante. Or nous souffrons
plus d'une peine, même légère, que nous ne jouissons de la
joie, même la plus intense. Notre attention est donc attirée
vers ce qui peut, dans les objets, provoquer en nous la douleur. « Ce n'est jamais, disait Millet, le côté joyeux qui
» m'apparaît; je ne sais où il est, je ne l'ai jamais vu. »

Doué d'une telle sensibilité, l'émotionnel est donc à
chaque instant froissé dans ses délicatesses par les réalités
brutales de la vie, et il tombe même assez souvent dans la
misanthropie : car le misanthrope n'est la plupart du temps
qu'un altruiste, qui s'est replié sur lui-même pour n'avoir
pas rencontré chez les autres ses propres sentiments. « Celui
» qui se prive de la joie la souhaite difficilement aux autres »,
nous dit Kant [1]. Nous pensons, avec Schopenhauer, que le vif
sentiment de la souffrance humaine aboutit plutôt à la sympathie, à la pitié.

[1] Kant, *Anthropologie*, seconde partie.

CHAPITRE IV

Les Actifs

C'est le *système moteur* et non plus le *système sensitif* qui prédomine chez l'ACTIF. Tandis que le sensitif n'agit que s'il est soutenu par un sentiment, l'actif agit par un besoin de sa nature. Or, chez l'actif, contrairement à ce qui se passe chez le sensitif, *la vitesse* et *l'intensité* des vibrations nerveuses s'accompagnent.

I. — La première espèce de ce genre est le *colérique*, chez qui les vibrations sont à la fois vives et intenses. Ce qui caractérise le colérique, c'est en effet l'activité prompte et de peu de durée, mais violente. A des périodes de surexcitation intense mais éphémère, succèdent chez lui des périodes de prostration. Son activité est intermittente : il est ce qu'on appelle un explosif.

Le colérique, tel que nous venons de le décrire, n'est d'ailleurs que la forme inférieure du type de ce nom. Ce qui le caractérise d'une façon plus générale, c'est que le pouvoir moteur, très intense, n'est pas chez lui suffisamment accompagné du pouvoir d'inhibition. Le pouvoir moteur suffit, en effet, pour que l'action se produise, mais non pas l'action pondérée. Celle-ci suppose en outre un pouvoir d'arrêt, que les physiologistes croient dévolu à la partie moyenne du cerveau. Si ce pouvoir vient à manquer, les mouvements s'exécutent d'une façon automatique, et comme ce pouvoir est faible chez le colérique, il s'ensuit que l'action est chez lui désordonnée et violente.

Peu de réflexion, on le voit, chez le colérique : l'action chez lui précède la pensée. La réaction, qui suit immédiatement l'impression, est hors de proportion avec elle et la dépasse infiniment. Aussitôt l'impression produite, le ressort intérieur se détend et l'action se réalise. Tel l'Italien du XVIᵉ siècle, qui punit d'un coup de poignard la plus légère offense et dont les passions se traduisent aussitôt en actes. Tel Benvenuto Cellini que ses *Mémoires* nous représentent constamment l'épée, l'arquebuse ou le poignard en main. « Le tumulte intérieur trop fort, dit, parlant de lui, M. Taine[1], » exclut la réflexion, la crainte, le sentiment du juste, toute » cette intervention de calculs et de raisonnements qui, dans » une tête civilisée ou dans un tempérament flegmatique, » mettent un intervalle et comme une bourre mollasse entre » la première colère et la résolution finale. » De même Michel-Ange était *bilieux, énergique, indomptable*. « Il était entraîné, » dit Benvenuto Cellini, par certaines fureurs admirables » qui lui venaient en travaillant. »

Dans ce groupe rentrent d'ailleurs, comme le montre M. Ribot, les types les plus différents, « depuis ceux qui » aiment à se déplacer, à voyager par amour de la vie d'aven- » ture, depuis les batailleurs sans malice, parmi lesquels se » recrutaient les mercenaires, qui déversaient le trop plein » de leurs forces dans les combats, jusqu'à un César Borgia, » un Jules César, jusqu'aux *Conquistadores* espagnols du » XVIᵉ siècle (F. Cortez, Pizarre). » Il s'en faut, en effet, que le beau et spirituel César Borgia, cet homme de goût, grand politique, amateur de fêtes et de fine conversation, fût un *condottiere* vulgaire ; et Jules César unissait bien au génie de l'art militaire et à celui de l'écrivain toutes les qualités de l'actif, lui qui, au dire de Lucain, « estimait que rien n'était

---

[1] Taine. *Philosophie de l'Art en Italie*, chap. V.

» fait s'il restait quelque chose à faire », et dont Montaigne a pu dire dans ses *Essais* : « Qui rechercha jamais de telle façon » la sûreté et le repos que César a fait l'inquiétude et les » difficultés ? »

Etant donnée l'absence de réflexion et de contrôle qui caractérise le colérique, il semble bien que ce tempérament, ou le caractère *passionné* qui y correspond, soit avant tout changeant, capricieux. Ses passions, en effet, qui sont aussi nombreuses que puissantes, le tournent avec la plus grande facilité tantôt d'un côté, tantôt de l'autre ; et elles doivent, semble-t-il, nécessairement se traduire dans sa conduite par l'incohérence, le manque d'harmonie et d'équilibre.

Nous avons vu comment le colérique vulgaire passait en un instant de l'extrême violence à l'abattement. C'est là une des raisons pour lesquelles il manque en général de prestige et d'autorité. Malgré son apparence d'énergie, on sait bien que le colérique est un faible et l'on attend patiemment le moment où, après un effort excessif, il retombera épuisé. Le colérique se fait d'ailleurs, par son amour-propre exagéré, qui prend souvent la forme de l'orgueil, un très grand nombre d'ennemis. Si la plus légère offense lui est pénible, il ne craint nullement, en revanche, de blesser les autres. Ses passions, c'est-à-dire son moi en définitive, puisque les passions ne sont autre chose que les différentes formes sous lesquelles se manifeste en nous la volonté de vivre, son moi occupe dans sa pensée une place telle, que le moi des autres lui apparaît comme d'une importance négligeable. Il ne songe donc nullement à ménager l'amour-propre de ses semblables, et les paroles les plus amères lui semblent douces quand il s'agit d'exhaler son corroux. Il y a, comme on l'a dit, un dompteur dans tout homme qui, ne sachant pas se maîtriser, veut du moins maîtriser les autres. Il faut que tout plie devant lui, que tout cède à ses volontés. Mais, comme l'amour-propre de ceux à qui il a affaire se trouve engagé dans la lutte, il s'ensuit qu'il est de tous les caractères celui qui rencontre le plus d'opposition et, comme le remarque Kant, celui qui a le moins de chances d'être heureux.

Le *passionné instable*, c'est donc le *colérique faible* : c'est celui qui s'emporte aisément, qui ne commande pas à ses nerfs, qui éclate aussitôt qu'il se sent blessé ou même seulement effleuré : c'est celui dont l'énergie nerveuse s'épuise vite et se dépense en gestes, en mouvements désordonnés, en paroles incohérentes.

II. — Si la colère passe assez vite, il n'en est pas de même de la haine. Le frère de Cellini a été blessé dans une bagarre, et, la chirurgie n'étant pas à cette époque très avancée, il meurt des suites de l'opération. « Mon seul délassement, dit » Cellini, était de lorgner, comme une maîtresse, l'arquebu- » sier qui avait tué mon frère. » Et, comme la passion de le voir lui ôte le sommeil et l'appétit, il conçoit le projet, qu'il exécute, de tuer le dit arquebusier. Jules Vallès[1], rencontrant bien des années après un de ses maîtres qui jadis avait porté la main sur lui, s'exprime ainsi : « Il me » souffleta un mardi : — un mardi matin, je n'ai pas oublié le » jour, je n'ai pas oublié l'heure... » et, lui saisissant le poignet, il lui dit : « Je vous tiens et je vais vous garder le » temps de vous dire que vous êtes un lâche, le temps de vous » gifler et de vous botter, si vous n'êtes pas un lâche jusqu'au » bout, si vous ne m'écoutez pas vous insulter comme j'ai » besoin et envie de le faire, parce que vous m'êtes tombé » sous la coupe. »

On voit comment la colère, qui n'est pourtant par essence que passagère, se transforme aisément lorsqu'elle est compri- mée, et devient la haine, dont le principal caractère est au contraire la durée. La colère est d'ailleurs bien plutôt la forme générale que revêtent nos passions lorsqu'elles se trouvent en face d'un obstacle, qu'elle n'est une passion particulière. La

[1] Voir P. Bourget, *Études et portraits.* Livre premier.

colère, c'est la passion qui se heurte; la haine, c'est la passion qui gronde.

Si maintenant l'on considère, non plus la colère, mais la passion en elle-même, on doit se souvenir que le caractère de celle-ci est la permanence. La passion est par sa nature impatiente : de là la colère et, par suite, l'incohérence dans les actes ; mais la passion persiste là-même sous des manifestations variables : de là la possibilité de l'unité dans la direction de la conduite. C'est ainsi qu'il peut y avoir, même chez le voluptueux, malgré la diversité de ses désirs et grâce à la constance de son inclination, une certaine unité de vie. Qu'une tendance, qu'une passion soit assez forte dans un individu pour se subordonner toutes les autres, et l'individu sera un. Tout acte, chez le voluptueux, pourra se ramener à la recherche d'un plaisir; tout acte pourra s'expliquer chez l'avare par l'amour de la possession. Sans doute, cette unification du passionné n'est jamais parfaite : d'autres tendances, d'autres systèmes de tendances pourront contrarier la tendance et le système dominants ; mais les volitions du passionné n'en seront pas moins, à les considérer dans leur ensemble, dirigées vers un objet unique.

C'est ainsi que, chez les grands passionnés, chez tous ceux qui ont laissé un nom, soit dans les arts, soit dans les armes, soit dans la politique, toutes les passions particulières, si puissantes soient-elles, se subordonnent à une passion fondamentale. Il y a dans ces caractères, peut-être les plus tranchés de tous, une passion dominante : du désordre, chez ces âmes puissantes, naît un ordre plus élevé ; chaque passion apporte pour ainsi dire sa quote-part à l'énergie totale de l'individu, et les incohérences de détail s'unissent et se fondent dans un ensemble harmonieux. La lutte qui est en eux, qui est le fond de leur nature, qui s'exprime souvent au dehors par des paroles et par des actes regrettables, cette lutte, disons-nous, n'empêche pas que leur vie ne soit une, si on la considère avec un recul suffisant et la perspective nécessaire. Et, s'il nous faut citer des noms, puisque aussi bien nous ne tenons compte pour le moment ni des modifications que peut apporter au caractère le degré de l'intelligence, ni de la diversité des objets auxquels peuvent s'appliquer nos passions : à côté d'artistes comme Michel-Ange et Benvenuto Cellini, d'hommes de guerre comme Alexandre, César, Napoléon, nous pourrons placer tous ceux qui, doués de passions intenses, énergiques et violentes, ont mis ces passions, soit dans la poésie, soit dans la religion, soit dans la politique, au service d'un sentiment ou d'une idée. Ce seront Pierre l'Ermite et Luther, parmi les poètes Byron, parmi nos révolutionnaires Danton.

Or, de tous ces grands volontaires, sous prétexte que ce n'est pas la raison chez eux, mais la passion qui domine, pourra-t-on dire qu'ils n'aient pas eu de volonté ? Il est, nous l'avons déjà remarqué, différentes manières de vouloir. L'émotionnel veut, lorsque ses désirs se sont groupés autour d'un sentiment dominateur ; le passionné, lorsqu'une passion maîtresse s'est emparée de lui au point de subjuguer ou de s'assimiler toutes les autres. Mais si la volonté de l'émotionnel est assez faible, parce que le sentiment, l'émotion est comme une porte toujours ouverte sur les impressions du dehors, la volonté du passionné peut être forte, parce que la passion n'est autre chose que le vouloir vivre, qui se manifeste et s'exprime d'une façon intense. Et la passion fait tellement partie de la nature du passionné, elle est tellement sa manière d'être, son caractère, elle est tellement lui-même, en un mot, qu'il ne s'en distingue même pas.

Ainsi donc, chez les passionnés, on pourra distinguer les *faibles* et les *forts*, les *instables* et les *volontaires*. Le faible est celui dont les tendances sont incohérentes, qui se bute à tous les obstacles. Le passionné a soif des honneurs, est ambitieux : il éprouve le besoin de diriger, de commander et il s'épuise en efforts qui restent vains, s'il n'est pas bien doué, pour parvenir à la puissance, à la richesse et à la gloire. Le passionné vulgaire est incapable d'un travail de longue haleine qui demande du soin, de l'application. Mais, que le passionné s'unifie, que ses différentes passions se groupent autour d'une passion dominante, que le tumulte, que le désordre des tendances fasse place à l'ordre, à la subordination, si, à cela, il joint une très haute intelligence, il pourra être un homme de génie et révolutionner le monde. Alors le sentiment de la colère, qui est en somme un signe de faiblesse, aura fait place à un sentiment d'une nature bien différente, je veux dire un sentiment de satisfaction intime produit par la conscience que l'individu possède de sa puissance, de sa force.

III. — La passion est, avons-nous dit, la manifestation du vouloir vivre : elle est par conséquent *égoïste* par définition. Il faut, il est vrai, distinguer des passions égoïstes et des passions nobles et généreuses. On peut aimer le plaisir, ou son bien-être, ou bien encore le pouvoir ; mais l'amitié, l'amour de la famille, de la patrie, l'amour du vrai, du beau, du bien, l'amour de Dieu peuvent être aussi des passions. On peut remarquer cependant que les passions généreuses elles-mêmes, quand elles se sont emparées de toute la personne, sont, d'une manière, égoïstes. Les passions même les moins intéressées, celles qui font que l'on se dévoue, que l'on se donne, deviennent pour qui s'y abandonne comme une seconde nature, un irrésistible besoin ; et, sans forcer les termes, l'on peut dire que celui qui en est possédé trouve une sorte de plaisir égoïste à les satisfaire.

Il y a donc dans toute passion, quelle qu'elle soit, par cela seul qu'elle est passion, de l'égoïsme. La passion revêt d'ailleurs chez le passionné un caractère qu'elle tient de sa nature propre : car, chez lui, les passions égoïstes le sont doublement, et les passions altruistes sont toujours moins dégagées de l'intérêt que chez l'émotionnel. Le passionné a sa manière de sentir et de désirer, comme il a sa manière de vouloir. Les sentiments énergiques se font tendres chez l'émotionnel, les sentiments tendres se font au contraire énergiques chez le passionné.

C'est donc d'une façon qui lui est propre que le passionné s'aimera lui-même ou les autres, qu'il s'attachera à l'art, à la vertu, à la science, qu'il aimera Dieu. Tous ses sentiments sont empreints des mêmes caractères : l'égoïsme, l'énergie, le besoin d'agir.

Aussi, quoique le passionné puisse posséder une très haute intelligence, il ne sera pas en général un savant, mais plutôt un homme d'action. Son activité est tournée vers le dehors, plus qu'elle ne l'est vers les travaux de la pensée. Si même il s'adonne à la science, ce sera en vue de l'action ; de même que, s'il est croyant, sa foi, qui n'aura rien de mièvre ni d'efféminé, sera une foi agissante. Ce ne sera pas « un » pur adepte de la vie intérieure », mais ce sera un « fonda- » teur ou un réformateur de religion », comme, par exemple, un Calvin.

IV. — Si nous nous demandons maintenant quel mode revêt la pensée chez le passionné, il nous apparaît tout d'abord qu'il pense surtout par images : car la passion, qui fait que l'impression est chez lui vivace et persistante, fait aussi qu'elle se réveille aisément. Le passionné devient même assez facilement un visionnaire. Cellini raconte que l'enceinte du Colisée lui parut une nuit peuplée de diables. Dans la prison où il avait été jeté il avait de fréquents entretiens avec son ange gardien ; il vit même un jour le Christ et la Vierge sortant d'un soleil magnifique, puis le ciel et toute la cour de Dieu. En 1529, dans le temps où les Impériaux assiégeaient Florence, Michel-Ange, qui était inspecteur des fortifications, déserta son poste et, comme il le raconte lui-même, quitta la ville sous l'empire d'une sorte d'hallucination. De même, Jules Vallès retrouvait des impressions, des sensations, quand elles ressuscitaient en lui, d'une intensité prodigieuse.

L'esprit du passionné est donc fait pour recevoir et pour

faire revivre des images plutôt que des idées. Lorsqu'il pense, ce sont bien les objets qu'il revoit et non pas les signes qui les remplacent. Il les revoit dans leur totalité, en plein relief et tels qu'ils lui sont apparus. On sait de quelle intensité de vision était doué Victor Hugo. M. Mabilleau, dans le beau livre[1] qu'il a consacré à notre grand poète, insiste longuement sur la manière dont les impressions visuelles s'enregistraient dans ce puissant cerveau et sur les circonstances dans lesquelles réapparaissaient ensuite les images. M. Mabilleau n'a pas tort de penser qu'une telle recherche ne sera jugée ni banale ni superflue, et il serait à désirer qu'un plus grand nombre d'études de ce genre eussent été faites sur nos poètes, nos écrivains et nos artistes : elles ne peuvent, en effet, qu'apporter à la psychologie des grands hommes une contribution précieuse. Nous pensons toutefois que l'étude de tel ou tel appareil sensitif, chez un individu, ne peut fournir à elle seule que des indications insuffisantes sur son mécanisme mental. Il ne suffit pas, en effet, d'un appareil auditif parfaitement organisé pour faire un musicien : pas plus qu'il ne suffit d'un appareil optique comme celui que possédait V. Hugo pour faire un grand poète d'imagination visuelle. Supposez le même appareil visuel chez un individu appartenant au type émotionnel et l'effet sera différent. Ce qu'il importe donc avant tout de connaître, c'est le tempérament de l'homme, c'est sa manière particulière de sentir.

Si V. Hugo possédait une puissance exceptionnelle de vision, il était en revanche dépourvu de sensibilité. L'imagination plastique et la sensibilité sont, en effet, deux choses très différentes et assez souvent même opposées. Or ce qui intéresse avant tout V. Hugo, c'est la forme, c'est la couleur. Qu'on le compare de ce point de vue à Lamartine et l'on verra toute la distance qui sépare une nature imaginative d'une nature émotionnelle.

[1] Léopold Mabilleau. *Victor Hugo.* (Hachette).

Aussi V. Hugo n'a-t-il été à aucun degré ce qu'il croyait être, un « penseur » : il a été, ce qui suffit pour sa gloire et la nôtre, un poète épique incomparable. Il ne pense pas des idées, il pense des images, et ces images s'enchaînent en raison de leur similitude. Pour lui l'image et l'idée ne font qu'un : elles sont comme les deux faces d'un tout concret dont les éléments ne pourraient être séparés, et, une fois sa pensée mise en branle, les images s'associent en lui en vertu de leurs affinités.

La tyrannie d'une faculté à ce point dominante produit même des effets bizarres, et le poète en vient à prendre les mots eux-mêmes, qui sont eux aussi, à leur manière, des images, pour de véritables idées. De même, comme on l'a remarqué [1], il n'y a pas, à proprement parler, chez V. Hugo, de comparaisons, de métaphores : mais des personnifications, mais des mythes. Il personnifie les idées morales et les forces naturelles, comme le firent en Grèce les aèdes qui chantèrent les exploits d'Ulysse et d'Achille : il pense comme eux, parle comme eux, et, comme eux, il crée des légendes.

Mais, dira-t-on, l'exemple de Victor Hugo, qui est un cas exceptionnel, ne prouve rien pour la nature d'esprit du passionné en général. — Nous ne prétendons certes pas que tout passionné soit nécessairement un homme de génie. Mais, de même que l'on s'est servi beaucoup dans ces derniers temps et avec raison des cas pathologiques, pour arriver à déterminer d'une façon plus exacte les caractères psychologiques de l'homme normal : de même l'étude de l'homme de génie, qui se range, après tout, en tant qu'homme, dans un certain groupe, mais chez lequel certaines facultés, les mêmes par nature, sont seulement plus développées qu'elles ne le sont d'habitude chez les individus qui appartiennent à ce groupe ; de même, disons-nous, une telle étude, ne peut que jeter une lumière très grande sur la psychologie de l'homme moyen.

[1] Renouvier. *V. Hugo.* — *Le poète* (Armand Colin).

Or, chez tous les passionnés, bien qu'à des degrés très différents, on retrouve la même manière de penser par images, le même mode d'association. Cela pourra donner, d'ailleurs, des natures d'esprit en apparence très diverses. Pour prendre un autre homme de génie, celui-là même que nous avons déjà cité : Napoléon; quelle ressemblance semble-t-il y avoir entre les aptitudes mathématiques de ce grand capitaine et la faculté poétique que nous venons d'analyser? — Malgré l'apparence contraire, la différence n'est pas aussi grande cependant qu'on pourrait le croire. Le mathématicien, le géomètre doit posséder, lui aussi, le pouvoir de reproduction des rapports de figure dans l'étendue : et cela est vrai surtout de l'homme de guerre, qui n'a pas seulement à se figurer des lignes idéales, mais qui doit se représenter la configuration du pays, les accidents, les ondulations du terrain, les plaines, les fleuves, les montagnes, les corps de troupes amies et ennemies, leurs mouvements, leur situation respective ; qui doit suivre la marche du combat, refaire ou modifier son plan suivant les circonstances, l'adapter aux différentes péripéties de la bataille. Ce qui est nécessaire ici, ce n'est plus l'intelligence purement abstraite du mathématicien plongé dans ses méditations et qui poursuit la solution d'un problème dans son cabinet : c'est une sorte d'intelligence, encore mathématique mais concrète, qui sait joindre à la rigidité des combinaisons une certaine flexibilité, qui ajoute à la sûreté du coup d'œil le sang-froid, la décision. A ce point de vue, la stratégie est un art autant qu'une science. Elle se sert des mathématiques, mais elle met, pour ainsi dire, les mathématiques en action ; certaines qualités de l'intelligence y sont nécessaires, mais elles ne le sont pas plus que certaines qualités de caractère, et, si Napoléon fut l'homme de guerre qu'il a été, c'est qu'il possédait à la fois réunies toutes ces qualités.

V. — Nous avons vu comment, chez l'émotionnel, le sentiment intervenait pour faire dévier de la direction logique le cours des associations. Chez le passionné, ce n'est plus le sentiment proprement dit qui intervient, mais c'est la passion. Celle-ci est partiale, en effet, plus encore que l'émotion : elle ne nous permet de voir dans un objet que ce qui s'accorde avec elle ; elle fait un choix, un triage ; elle opère à la façon de l'aimant qui, d'une poussière confuse d'éléments de diverse nature, n'attire à lui que la limaille. Il ne faut donc pas attendre du passionné une extrême rectitude dans le jugement. Rapportant tout à sa passion, il pourra raisonner très bien ; mais à la condition que l'on admette les prémisses qu'il aura posées. Ses opinions d'ailleurs varieront du jour au lendemain ou, au contraire, seront fixes, suivant qu'il sera un passionné instable ou un passionné volontaire.

Non seulement le passionné ne voit que ce que son imagination lui fait voir ; mais de plus cette dernière a pour effet de grossir à ses yeux, parfois même démesurément, les objets. C'est ainsi que V. Hugo est le maître, comme dit un critique, de tout ce qui est « colossal, accablant ». Or, il y a un certain rapport entre cette faculté de grossissement et celle d'éprouver ou de faire éprouver aux autres le sentiment et l'émotion du sublime ; car le sublime littéraire n'est autre chose, comme dit M. Renouvier [1], que « le rendu d'une sorte » de grandissement moral que des objets de toute nature » peuvent éprouver en traversant nos impressions. » De là cette classe de génies, à laquelle appartiennent les V. Hugo, les Michel-Ange, toujours portés vers le grandiose, le vigoureux et le puissant ; de là cette emphase et cette grandiloquence dans laquelle ils tombent quelquefois ; de là ce goût et cet abus de l'antithèse, des contrastes, des oppositions, qui leur permettent d'atteindre plus facilement le sublime. De là aussi pour ce genre d'esprits le dédain du fini, de la perfection de l'œuvre d'art. Peu s'en faut même que cette

___

[1] Renouvier. *V. Hugo. — Le poète*, chap. VIII.

perfection ne leur apparaisse comme un défaut. Il faut, selon eux, qu'il y ait dans l'homme de génie de l'ignoré, du ténébreux, du monstrueux et, comme s'exprime V. Hugo, « une » quantité d'infini. »

Cette impatience du passionné, qui lui fait rejeter toute règle, qui ne peut souffrir aucun frein, n'est pas seulement la marque de son intelligence : elle est aussi un trait de caractère. Si l'intelligence, la sensibilité, la volonté de l'émotionnel sont plastiques à un très haut degré, celles du passionné ne le sont pas. Ce dernier n'est nullement malléable, et, s'il est possible de prendre parfois de l'empire sur lui et de le diriger, ce n'est jamais qu'à la condition de ne pas l'attaquer de front mais de se faire de ses passions des auxiliaires et, en quelque sorte, des complices.

L'intelligence du passionné manque d'ailleurs de souplesse comme son caractère. Elle a quelque chose de roide, d'un peu simple : bien différente en cela de l'intelligence de l'émotionnel qui se complaît aux mille sinuosités du sentiment. Elle ne sait pas se déprendre d'elle-même : elle est inhabile à se modeler sur autrui, à saisir ce qui n'est pas elle. Corneille n'a pas compris Racine, et Victor Hugo considère ce dernier comme un poète estimable du deuxième ou du troisième ordre.

Enfin, tout en craignant de donner à penser que les besoins de la symétrie jouent un rôle exagéré dans nos déductions, nous sommes bien obligé de constater que, si l'émotionnel est porté à la tristesse, à la mélancolie, le passionné trouve plutôt en lui-même, dans le développement et l'exercice de son activité, une source de joie et de plaisirs. « Quand le » naturel est si fort, si richement doué, si producteur, dit » M. Taine [1], quand les facultés jouent avec tant d'élan et de » justesse, quand l'activité est si continue et si grandiose, le » ton ordinaire de l'âme est une surabondance de joie, une

[1] Taine. *Philosophie de l'art en Italie.* Chap. V.

» verve et une gaieté puissantes. » Et il cite Cellini qui, après
des aventures tragiques et terribles, se met en voyage et ne fait
que chanter et rire. M. Malapert [1] observe de même que
« l'exercice musculaire, quand il se dépense par besoin de se
» dépenser et sans excès, sans fatigue, provoque une diminu-
» tion de la sensibilité à la douleur, une expansion générale et
» joyeuse, une disposition à l'exubérance et à la gaîté. » Et il
ajoute, ce qui est parfaitement d'accord avec tout ce que nous
avons dit, que la sensibilité, chez les caractères de ce type,
« manque dans une large mesure de cette profondeur, de
» cette persistance, de cette sorte de résonnance et de récur-
» rence qui sont la condition normale de l'émotivité. »

On pourra rencontrer, il est vrai, des émotionnels joyeux
ou des passionnés tristes ; mais, de même que la joie de
l'émotionnel est une joie attendrie et qui se recueille, de
même la tristesse du passionné est une tristesse plutôt
active que mélancolique ; c'est la sombre énergie d'un Calvin
ou la colère d'un Lamennais : ce qui nous permet de constater
que le besoin d'agir qui caractérise la conduite du passionné
se retrouve également dans ses pensées et dans ses sentiments.

Malapert. *Les éléments du caractère*, II° Partie. Chap. III.

CHAPITRE V

Les Actifs (Suite)

La seconde espèce du tempérament ACTIF est le tempérament *flegmatique* chez lequel *la vitesse et l'intensité*, qui *s'accompagnent*, comme dans le tempérament colérique, sont d'une *faiblesse* relative. Mais, si l'on ne trouve pas chez le flegmatique cette intensité passagère qui ne fait souvent qu'apparaître et s'évanouit aussitôt, on peut y trouver, en revanche, l'intensité réelle, qui se forme peu à peu et s'accroît progressivement. Jamais, il est vrai, on ne rencontre, chez les individus qui appartiennent à ce genre, de ces mouvements désordonnés et violents qui atteignent presque immédiatement leur summum d'intensité pour s'épuiser bientôt après; mais l'action véritablement énergique est cependant ce qui caractérise ce tempérament.

I. — Chez le flegmatique, c'est surtout le pouvoir d'inhibition qui est développé. Il s'ensuit que la sensibilité n'est chez lui ni directement, ni indirectement provoquée. Le pouvoir d'inhibition, qui arrête et contient le pouvoir moteur, empêche en même temps de naître les passions et les émotions. Aussi est-ce le caractère *apathique* qui correspond à ce tempérament.

Il faut cependant, avec Kant et avec les anciens, distinguer l'apathique *fort* de l'apathique *faible*. « Le flegme, en tant » que faiblesse, nous dit Kant, est un penchant à l'inaction,

» penchant qui triomphe des fortes raisons mêmes qu'on
» pourrait avoir de s'occuper. » Que dire de cette assertion, et,
si le penchant à l'inaction est ce qui caractérise l'apathique
faible, comment pourrons-nous néanmoins le ranger parmi
les actifs ? — Un tel penchant, nous semble-t-il, est plus appa-
rent que réel; et ce qui prouve bien que l'apathique faible lui
aussi est, à sa manière, une force, c'est ce fait déjà signalé
qu'il résiste à l'action du dehors, qu'il ne se laisse pas entamer
facilement, qu'il lutte, d'une façon en quelque sorte passive,
mais pourtant très réelle, contre les sollicitations extérieures.
Mais, étant donné que les émotions et les passions n'existent
chez lui pour ainsi dire pas, étant donné que chez lui le
pouvoir moteur est très faible et que, au contraire, le pouvoir
d'inhibition domine, il s'ensuit que l'apparence de ce caractère
est bien celle que nous venons de dire.

L'apathique faible, qui peut pourtant être doué d'intelligence, ne peut nous arrêter longtemps. L'insuffisance en lui
du pouvoir moteur et son manque de sensibilité l'empêche-
raient de mettre ses facultés, même si elles étaient brillantes,
en valeur. Ni les conseils ni les menaces n'ont sur lui d'action
et l'on ne peut s'adresser ni à sa raison ni à son cœur. Entêté
dans ses opinions, qui peuvent être d'ailleurs plus ou moins
sages, plus ou moins raisonnées, il ne peut s'élever très haut:
il reste confondu dans la foule et l'on comprend qu'ici encore
il nous soit impossible de citer des noms.

Mais supposons que le pouvoir d'inhibition s'accroisse,
et par suite le pouvoir moteur, par suite aussi, quoique
toujours dans une mesure assez faible, la sensibilité: ce sera
l'*apathique fort*, qui pourra, s'il est doué d'intelligence,
marquer une trace profonde dans l'un quelconque des nombreux domaines où s'exerce l'activité de l'homme. L'apathique
ne s'émeut pas facilement: il ne se répand ni en paroles ni
en gestes; mais en revanche il sait vouloir, et souvent d'une
volonté ferme. Doué parfois d'un jugement très sûr, il a de
plus la persévérance dans l'action, la fermeté dans les

desseins. Il domine naturellement et l'on accepte son autorité. Ménageant l'amour-propre d'autrui, il ne provoque pas la résistance, et son égoïsme n'a rien de blessant, parce qu'il est comme l'expression d'une force ordonnée et réglée qui se manifeste.

Comme l'élément essentiel de la volonté est le *pouvoir d'arrêt*, c'est donc parmi les apathiques forts, qui possèdent ce pouvoir à un très haut degré, qu'on rencontre les vrais volontaires. Or comment l'arrêt se produit-il? « Pour que » l'arrêt se produise, dit M. Ribot [1], il faut une première » condition : le temps. Si l'incitation est si violente qu'elle » passe aussitôt à l'acte, tout est fini; quelque sottise qui » s'ensuive, il est trop tard. Si la condition de temps est » remplie, si l'état de conscience suscite des états antago- » nistes, s'ils sont suffisamment stables, l'arrêt a lieu. Le » nouvel état de conscience tend à supprimer l'autre et, en » affaiblissant la cause, enraye les effets. » C'est là précisé- ment le phénomène qui se produit chez l'apathique, chez qui les vibrations sont lentes. La vivacité de la réaction motrice ôtait au passionné le temps de la réflexion. Chez l'apa- thique la tendance à l'action, qui se manifeste lentement, est enrayée par un état contraire. « L'état de conscience primitif, » la colère par exemple, dit encore M. Ribot, évoque des » états antagonistes qui varient nécessairement d'un homme » à un autre : idée du devoir, crainte de Dieu, de l'opinion, » des lois, des conséquences funestes, etc. Il se produit par » là un deuxième centre d'action, c'est-à-dire, en termes » physiologiques, une dérivation de l'afflux nerveux, un » appauvrissement du premier état au profit du second. »

Nous avons vu combien ce pouvoir d'arrêt était faible chez le passionné. Il est des hommes chez lesquels il n'existe pour ainsi dire pas. En général, il s'acquiert par une pratique constante, par une surveillance continuelle de soi-même,

[1] Ribot. *Les Maladies de la volonté* (Introduction).

et c'est le plus souvent notre contact avec la réalité qui le fait naître. Le despote, dont les moindres désirs sont aussitôt exécutés, et qui ne rencontre jamais devant sa volonté une volonté opposée, le despote ne se possède pas. Une simple déception, au contraire, peut devenir en nous le point de départ de tout un développement très intense du pouvoir d'inhibition. A dix ou douze ans, l'auteur de *Colomba*, Mérimée, avait été grondé sévèrement. A peine sorti de la salle où se trouvaient ses parents, il entendit leur conversation et apprit qu'on était loin de donner à sa faute l'importance qu'il lui attribuait. Humilié d'être pris pour dupe, il se promit de réprimer à l'avenir sa sensibilité et il se tint parole. Mérimée n'était sans doute pas un *apathique*. « J'ai » l'air d'avoir une cuirasse, disait-il, mais elle est en carton. » Mon cœur est si vulnérable ! Si l'on ne me croyait cuirassé, » on le mettrait en morceaux ! » Il est bien vrai, cependant, que Mérimée était en somme d'un tempérament assez froid.

De même Joseph de Maistre [1] passe pour avoir exercé sur lui-même un très grand empire. C'était un ardent, en un sens, et ses convictions étaient profondes. Sa raison cependant, son jugement surveillait constamment sa plume. Il ne disait que ce qu'il voulait dire, ne faisait que ce qu'il voulait faire. De là chez lui un mélange « de douceur et de force, de bonho- » mie et de dignité, d'élan et de réserve, de mysticisme et de » sens pratique » : tout cela joint à une volonté toujours réflé- chie, à une intelligence toujours lucide. Aussi de Maistre, grâce à la fermeté de son caractère et à la dignité de sa conduite, se fit-il toujours respecter de tous ceux qui l'approchaient, de ceux qui lui tenaient ou de près ou de loin, et même de ses supérieurs. Remarquons d'ailleurs qu'il savait déjà se domi- ner même dès son enfance au point que, lorsque, la récréation terminée, son père l'appelait, « la partie commencée » finissait aussitôt et la balle lui tombait des mains. »

[1] Voir Paulhan. *Joseph de Maistre*. Chap. premier.

Ceux dont nous venons de parler n'étaient pas précisément des apathiques, mais ils avaient avec eux ceci de commun que le pouvoir d'inhibition leur était en quelque sorte naturel. Presque tous les hommes, d'ailleurs, en possèdent tout au moins le germe. Le passionné lui-même, en opposant les unes aux autres ses tendances, peut parvenir à établir entre elles cette coordination hiérarchique en laquelle consiste essentiellement la volonté. Mais, alors que chez le passionné il y a lutte entre ses diverses tendances et que le pouvoir d'inhibition ne s'établit que peu à peu, par des conquêtes successives : chez l'apathique, au contraire, et c'est là surtout ce qui le distingue du passionné, ce pouvoir apparaît d'abord. Au milieu du silence des passions et des émotions, la raison fait entendre facilement sa voix : en l'absence d'états affectifs, les idées acquièrent une importance et une force très grandes, et les tendances rationnelles prennent la direction de la conduite. M. Payot, dans son ouvrage sur l'*Éducation de la volonté*, a montré, avec beaucoup de finesse et de tact psychologique, quelle était la tactique à suivre, quels étaient les moyens à employer, pour mener à bien l'œuvre qu'il considère avec raison comme la plus importante de toutes, celle de la *maîtrise de soi*. La classification des caractères nous montre que cette œuvre présente plus ou moins de difficultés suivant le genre dans lequel se range l'individu, que c'est dans la classe des apathiques qu'elle nous apparaît jusqu'à présent le plus facile, et qu'enfin la marche à suivre pour arriver à ce but, pour si exactement que l'ait décrite M. Payot, devra sans doute se modifier suivant les genres.

L'apathique fort est donc un *volontaire*, et il serait même le seul véritablement *volontaire* que nous ayons rencontré jusqu'ici, si chaque type n'avait pas, comme nous l'avons plusieurs fois observé, sa façon particulière de vouloir. L'émotionnel, le passionné, bien que moins facilement que l'apathique, peuvent aussi se posséder eux-mêmes. Cependant les cas où la réaction est chez eux vraiment personnelle sont relativement assez rares. Pour qu'il y ait à proprement parler volonté il ne suffit pas, en effet, qu'une tendance unique soit parvenue à grouper autour d'elle et à dominer toutes les autres : il faut de plus que l'acte volontaire soit saisi comme dérivant de notre personnalité. Or, c'est précisément grâce au pouvoir d'arrêt que l'acte volontaire peut remplir cette condition. « Toute volition, dit M. Malapert[1], » supposant la systématisation de plusieurs éléments psy- » chiques, chaque tendance ne doit pas se traduire isolé- » ment, pour son propre compte ; il faut qu'elle soit arrêtée » pendant qu'on la compare, qu'on la juge, qu'on la combine » avec d'autres. » La multiplicité des tendances et leur coordination provoquent déjà dans une certaine mesure cet arrêt. Mais s'il est vrai que la volition complète soit, comme nous l'avons dit, une coordination hiérarchique des ten- dances, il ne suffit pas, comme le dit M. Ribot[1], « que des » réflexes soient coordonnés avec des réflexes, des désirs » avec des désirs, des tendances rationnelles avec des ten- » dances rationnelles ; mais de plus une coordination entre » ces différents groupes est nécessaire ». Or, étant donné que, par leur nature même, les états mentaux ont moins de force que les états affectifs, il s'ensuit qu'ils auront d'autant plus de chances de triompher que ces derniers seront plus faibles et le pouvoir d'inhibition plus grand. C'est donc surtout chez l'apathique qu'on trouvera cette coordination avec subor- dination des tendances qu'on appelle la possession de soi.

Dans la classe des apathiques forts nous devrons, d'après ce qui précède, rencontrer des hommes d'action. Ce sont ceux que M. Ribot appelle les *calculateurs*, et qui sont, en effet, les héros du calcul prudent et réfléchi. Ce sont ceux qui, doués d'une grande puissance de vouloir, et ayant d'ailleurs beaucoup

[1] Malapert. *Ouvr. cité*, livre prem., chap. VI.
[1] Ribot. *Maladies de la Volonté* (Conclusion).

d'intelligence et peu de sensibilité, constituent dans la classification de M. Fouillée la troisième catégories des *volontaires*.
Ce sont ceux qui, sans jamais se laisser émouvoir ni
détourner de l'exécution de leurs desseins, et après avoir mis
de leur côté toutes les chances de réussite, n'abandonnent
rien au hasard et, quel que soit l'objet qu'ils se proposent,
vont froidement, imperturbablement droit à leur but. Ce sont,
chez les anciens, les Brutus et les Thraséas; plus près de nous,
les Turenne et les de Moltke ; ce sont les Benjamin Franklin,
Guillaume le Taciturne, notre roi Louis XI ou Philippe II
d'Espagne.

II. — Il paraît assez paradoxal de se demander maintenant
quelle est la sensibilité de l'apathique : car cette sensibilité,
semble-t-il, est nulle par définition. On pourrait en effet citer
certains cas de ce genre : celui par exemple si connu de
Fontenelle qui vécut cent ans, parce qu'il était doué d'une
excellente constitution sans doute, mais surtout parce que, de
sa longue existence, il n'éprouva jamais une émotion un peu
vive. Il est inutile de rappeler que cet homme de tempérament
calme ne s'attacha jamais ni à personne ni à rien, et qu'il
avouait lui-même n'avoir jamais pleuré, ni même jamais ri un
peu fort. De tels cas sont pourtant assez rares, et une telle
absence de sensibilité confine presque à la pathologie. En
réalité l'apathique peut éprouver, quoiqu'elles ne puissent
atteindre en général qu'à un assez faible degré, des passions
et des émotions. Il n'y a pas, entre les différentes classes, de
différences aussi tranchées qu'on pourrait le croire. L'émotionnel éprouve des passions ; le passionné, des émotions ; et
l'apathique lui-même ne leur échappe pas entièrement.
Tous les hommes, à quelque catégorie qu'ils appartiennent
possèdent tous les caractères fondamentaux de la nature
humaine. Il suffit, pour appartenir au genre *apathique*, que
le pouvoir d'arrêt l'emporte sur le pouvoir moteur et que le
ton général de la sensibilité soit assez bas. Cela étant, des

circonstances pourront se présenter où le niveau habituel de
l'émotion et de la passion s'élèvera. Mais, même dans ce cas,
l'apathique ne se sera échauffé que lentement et son calme
ordinaire ne se démentira qu'à la suite d'une résistance assez
longue. Il est vrai que, en revanche, une fois le calme revenu,
il persistera assez souvent dans l'attitude nouvelle qu'il aura
prise. De là, chez lui, une apparence d'entêtement qui sera
seulement une autre forme de cette fermeté, de cette persévérance dans les actes que nous signalions précédemment.

On peut aller plus loin et dire que l'apathique peut même
parfois posséder une sensibilité assez vive. Telle Mme Arnoux,
l'héroïne de l'*Éducation sentimentale* de Flaubert. Celle-ci,
dit M. Faguet [1], « a épousé ce que les bourgeois de France
» appellent « un bon garçon », léger, vulgaire, hâbleur, sans
» aucune espèce de sens moral, manieur d'affaires et coureur
» de filles, serviable, à la fois voleur et généreux, familier,
» tutoyeur, distributeur de cigares, de facéties, de protes-
» tations et de tapes amicales sur le ventre. » Elle l'aime
cependant, elle le plaint même, et, quoique l'amant possible
et dont elle paye la tendresse de retour se soit présenté, elle
n'en reste pas moins attachée à tous ses devoirs. Elle aimera
celui-ci pendant vingt-cinq ans, sans lutte à soutenir contre
elle-même, sans la crainte de jamais faillir. Son caractère
et son tempérament lui sont une sauvegarde suffisante.

Comment expliquer ce mélange singulier de calme et
d'ardeur, de passion contenue et de froideur, de sensibilité
et d'apathie ? Cette sensibilité de l'apathique, pensons-nous,
est surtout imaginative. M. Faguet dit que Mme Arnoux est
dépourvue d'imagination ; mais cela n'est pas bien certain.
Si elle ne lit pas de romans, elle en vit un ; et son amour, qui
n'a rien à voir avec les réalités de la vie, restera confiné dans
le roman. Sa sensibilité est donc vive, mais elle est comme
transposée par la froideur naturelle de son tempérament.

[1] Faguet, *Gustave Flaubert*, chap. VI (Hachette).

Les sentiments, les émotions, les passions de l'apathique sont d'une tonalité qui lui est propre. Le même roman pourra être vécu par l'apathique que par l'émotionnel ou par le passionné lui-même : ce sera, si l'on veut, le même air, une octave ou deux au-dessous.

Un autre exemple que nous pourrions citer est celui de Mme de Sévigné qui était, elle aussi, d'un tempérament calme: très affectueuse d'ailleurs, et qui, sans qu'on puisse lui reprocher la moindre faute, sut toujours retenir autour d'elle un très grand nombre d'amis et d'adorateurs. Madame de Sévigné pleura, il est vrai, son mari, et ses amis jugèrent même qu'elle le pleurait trop ; mais elle ne parle pas de lui une seule fois dans les lettres qu'elle adresse à sa fille. D'autre part, même en tenant compte de ses préjugés aristocratiques, on peut trouver que la marquise parlait avec une légèreté bien caractéristique de la pendaison des vilains. Enfin, quoique son fils, malgré ses folies, fût un jeune homme charmant et un gentilhomme accompli, et malgré le plaisir qu'elle prit à ses entretiens, elle n'eut jamais pour lui, et les contemporains le remarquèrent, qu'une affection modérée. Il est vrai qu'elle a aimé sa fille avec passion, et que cette passion, dès qu'elle s'en trouva séparée, tint la plus grande place dans sa vie. Mais, comme le dit très bien M. Malapert, l'apathie, tout en étant la marque de l'individu, peut cependant laisser intactes quelques tendances: il y a alors apathie par pauvreté de points sensibles, et tel était précisément le cas de Mme de Sévigné.

Remarquons d'ailleurs que les deux personnes dont nous venons de parler sont deux femmes et qu'en elles les caractères particuliers de la femme se combinent aux caractères généraux du type. Si l'on oppose en effet l'homme à la femme, celle-ci paraît plutôt appartenir au type sensitif, et celui-là au type actif : ce qui n'empêche pas que l'on puisse rencontrer chez la femme, aussi bien que chez l'homme, les différents types.

Il nous reste à voir dans quel sens les sentiments de l'apathique seront orientés. D'une façon générale on peut dire, si on l'oppose au sensitif, que l'actif, à quelque espèce qu'il appartienne, est égoïste. Agir ou résister à l'action du dehors suppose en effet le désir d'exprimer sa personnalité, de ne pas la laisser amoindrir, voire même de dominer, de soumettre à sa volonté celle des autres. De ce point de vue, il n'y a aucune différence entre l'apathique fort et l'apathique faible; pas plus qu'il n'y en a entre l'apathique pur et celui qu'on pourrait, si les mots ne juraient pas d'être accouplés, qualifier de sentimental. L'apathique faible lui-même est une force qui résiste; et une force de cette nature, quand elle a conscience d'elle-même, est nécessairement égoïste. A bien plus forte raison sont égoïstes les sentiments de l'apathique fort, chez lequel nous avons reconnu l'existence de la volonté la plus forte, de cette volonté qui suppose le pouvoir d'arrêt le plus développé joint à l'absence de passions et d'émotions. Quant à celui que nous appelons l'apathique pur, qui ne songe jamais qu'à son repos, qu'à son bien-être, incapable d'ailleurs de compatir à une souffrance ou à une infortune, ni de se donner jamais la moindre peine pour autrui, est-il bien nécessaire de montrer qu'il est égoïste? Et il n'est pas jusqu'à l'apathique sentimental, dont la note caractéristique ne nous semble être, à lui aussi, l'égoïsme. Que Madame de Sévigné ait profondément aimé sa fille, cela est vrai; mais, nous l'avons vu, un sentiment porté à ce degré était unique dans son âme, et tous les autres étaient, en somme, plutôt calmes. Quant à Madame Arnoux, l'héroïne de Flaubert, nous ne lui ferons certes pas un reproche de sa vertu : nous pensons toutefois que, si elle ne cède pas à sa passion, c'est qu'elle craint de déranger sa vie, et nous avouons que, en ce qui concerne la vivacité et même la sincérité de ses sentiments, toute question de morale mise à part, une chute nous eût davantage convaincu.

III. — Si la sensibilité peut revêtir, chez l'apathique, des formes différentes, on peut en dire tout autant de l'intelligence. D'une façon générale, cependant, en l'absence de passions et d'émotions, ce sont des idées plus que des sentiments ou des images qui s'éveilleront chez l'apathique, et ces idées, dont l'apparition d'éléments affectifs ne viendra pas troubler le cours, s'associeront en vertu de leurs rapports logiques. Aussi rencontrera-t-on dans cette classe plutôt des métaphysiciens, des mathématiciens que des poètes. Ce seront Spinoza, Kant ou Ampère : ce seront ces penseurs qui vivent dans l'abstraction pure et qu'on appelle plus spécialement les *intellectuels*. On pourra dire que les grands hommes que nous venons de citer n'étaient pas dépourvus de toute sensibilité : on pourra même leur accorder une passion dominante, celle de la science ; mais l'objet auquel s'appliqua leur intelligence et le fait même de lui avoir entièrement consacré leur vie, montrent qu'ils planaient bien au-dessus des tourmentes de la passion.

Des trois grands intellectuels dont nous venons de prononcer le nom, Kant est peut-être celui dont l'exemple sert le mieux à montrer l'influence du tempérament sur la nature de l'intelligence, et quelle espèce d'intelligence correspond au tempérament apathique. Il nous suffira, sans autre commentaire, de rappeler le portrait qu'en trace Michelet : [1] « Au » fond des mers du Nord, dit le grand historien, il y avait » une bizarre et puissante créature ; un homme ? Non, un sys- » tème, une scolastique vivante, hérissée, dure ; un roc, un » écueil taillé à pointes de diamant dans le granit de la » Baltique. On l'appelait Emmanuel Kant ; lui, il s'appelait » Critique..... Soixante ans durant, cet être tout abstrait, » sans rapport humain, sortait juste à la même heure, et sans » parler à personne, accomplissait pendant un nombre donné » de minutes précisément le même tour, comme on voit aux

---

[1] Michelet. *Histoire de la Révolution française*. Livre III. Chap. XII

» vieilles horloges des villes l'homme de fer sortir, battre
» l'heure et puis rentrer. »

L'exemple de Spinoza n'est pas moins caractéristique. Lui
aussi eut une manière de vivre fort réglée. « Il savait admira-
» blement bien être le maître de ses passions, nous dit
» Colerus. On ne l'a jamais vu ni fort triste ni fort joyeux. Il
» savait se posséder dans sa colère et dans les déplaisirs qui
» lui survenaient. » Il prouva bien aussi, par sa lutte contre
la synagogue, qu'il possédait les qualités de constance, de
fermeté, de persévérance dans les desseins, que nous avons
signalées chez l'apathique fort. Et en même temps son système
tout abstrait, tout géométrique, est bien l'expression de sa
personnalité essentiellement méthodique.

La personnalité d'Ampère, physicien, mathématicien,
philosophe, et poète même à ses heures, fut sans doute un peu
plus complexe. Il vécut néanmoins à un tel point en dehors
de la vie commune, que le monde lui apparaissait comme
étant fait « pour donner des pensées aux esprits. »

A côté de ces purs intellectuels on pourrait placer
Goethe, dont l'attitude « olympienne » fut célèbre, qui, toujours maître de lui-même, s'était fait une vie méthodique et
des habitudes régulières, qui « refusa [1] de suivre le convoi
» du célèbre Wieland, se consola de la mort de son fils en se
» livrant à l'étude, et de la perte de Schiller, son rival et son
» ami, en faisant des vers »; qui, après avoir composé
Werther pour répandre sa fièvre au dehors, se replia sur lui-
même et ne ressentit plus désormais les passions que d'une
manière idéale. On a dit quelquefois que le métaphysicien
est un poète et qu'un système métaphysique est une œuvre
d'art. Cela, dans une certaine mesure, peut être vrai ; mais,
suivant la nature de ses facultés, le métaphysicien ressemble
davantage, soit au mathématicien, soit au poète ; et, le senti-

---

[1] Philarète Charles, art. Goethe, du Dict. de la conversation. Cité par
M. Queyrat dans un petit livre intéressant sur les Caractères et l'éducation
morale (Alcan, 1896).

ment une fois entré en jeu, si des symboles sont créés, si les abstractions prennent vie, ce sera le poète-philosophe, ce sera Goethe.

Aussi, étant donnée la variété des aptitudes que peuvent posséder les individus rentrant dans cette classe, ne sera-t-on pas étonné d'y voir figurer Rubens, le grand peintre flamand, qui tenait de sa race un tempérament flegmatique, dont la vie fut ordonnée et très calme [1], « qui avait le regard limpide » et sûr d'un homme d'affaires, dont l'imagination (quand il » ne peignait point) semblait endormie ou plutôt semblait » morte », mais qui était pris, lorsqu'il était sous le coup de l'inspiration, d'une sorte de fermentation tragique. C'est de lui que M. Arréat [2] a pu dire qu'on trouve dans son œuvre « une heureuse nature d'homme, ordonné, puissant, » maître de sa main, tout en dehors, et qui se promène » largement dans sa peinture comme dans sa vie. »

Tout en appartenant au genre apathique, ceux dont nous venons de parler étaient en somme des enthousiastes. Ce qui montre combien est grande la variété des espèces que l'on peut rencontrer dans ce groupe, c'est que nous pouvons faire figurer à côté d'eux un écrivain comme Commynes, l'historien de Louis XI, dont le caractère fut différent des précédents au point de leur être, d'une certaine manière, opposé. Celui-ci est, en effet, le type du calculateur froid, réfléchi : il fait constamment la balance des profits et pertes et il a pour tout ce qui ressemble à l'idéal une sorte d'aversion. Louis XI, dont il écrit la vie, est en même temps son modèle. Aussi, pas plus que cedernier, n'a-t-il rien d'héroïque ni de chevaleresque. Le succès obtenu par tous les moyens et surtout par la ruse et la fourberie, tel est selon lui le but unique que l'on doit poursuivre dans la vie. Aussi sa langue est-elle, comme le dit Paul Albert, celle d'un homme d'affaires, et

[1] A. Michiels. *Rubens et l'école d'Anvers*, p. 255 (cité également par M Queyrat).
[2] Arréat. *Ouv. cité.* Troisième partie, chap. III.

son style ferme, exact, net, est-il sans chaleur et généralement sans relief.

A côté de lui, malgré des difficultés bien sensibles, nous
pouvons placer, pour la tournure d'esprit, Fontenelle « dont
« les sentiments, dit M. Faguet, furent des idées justes »,
qui était né tranquille, curieux et avisé, mais qui, n'ayant
pas eu le feu sacré, la passion de la science, n'a rien décou-
vert, qui ne fut d'ailleurs à aucun degré un artiste, et à qui il
manqua toujours cette dose d'imagination et de passion qui
fait les grands esprits.

Si enfin nous arrivons à Mme de Sévigné, nous pouvons
également retrouver dans ses *Lettres* la trace de son tempérament. M. Boissier [1] remarque avec raison que, même
quand elle est sous le coup d'une grande douleur, comme
par exemple à la suite d'une de ces séparations d'avec sa
fille qui toujours lui coûtaient tant de larmes, M. Boissier
remarque que, même alors, son émotion s'exprime dans une
langue ferme, sûre, correcte, sans hésitation ni tâtonnement.
« On dit quelquefois, ajoute le brillant écrivain, qu'une
» grande passion crée du premier coup la langue qui l'ex-
» prime ; j'en doute beaucoup. Il me semble au contraire
» que, quand l'âme est vivement touchée, les expressions
» par lesquelles on veut rendre les sentiments qu'on éprouve
» paraissent toujours ternes et froides, qu'on est tenté de les
» exagérer, de les forcer, afin de les mettre au niveau de sa
» douleur ou de sa joie. De là quelquefois des termes exces-
» sifs, des métaphores qui détonnent, qu'on serait tenté de
» croire imaginées froidement et à loisir, tandis qu'au con-
» traire elles sont nées d'un premier mouvement, par l'effort
» instinctif que nous faisons pour trouver une expression qui
» réponde à l'intensité de notre passion. » La remarque
paraît juste ; et l'impeccabilité, le naturel, la pureté de style,
la justesse d'expression de Mme de Sévigné montrent bien

---

[1] Gaston Boissier. *Madame de Sévigné*, chap. II (Hachette).

qu'elle se possédait, même dans ses douleurs les plus vives, même lorsque sa passion pour sa fille se trouvait atteinte.

IV. — L'apathique est, avons-nous dit, caractérisé par le manque de passion et d'émotion, manque ne signifiant pas absence complète, ce qui d'ailleurs ne se peut pas, mais seulement un niveau assez bas de l'une et de l'autre. L'affectif était bien, lui aussi, caractérisé par l'absence de passion et d'émotion ; mais l'affectif était néanmoins un sensitif, et il pouvait en conséquence posséder une sensibilité très vive, sinon très profonde. L'apathique, au contraire, est un actif, non un sensitif ; et, à défaut du pouvoir moteur, c'est le pouvoir d'inhibition qui se trouve chez lui développé. Or, la présence de ces deux caractères : *manque de sensibilité, prépondérance du pouvoir d'arrêt*, entraîne après elle une certaine détermination des caractères secondaires. Non pas que ces derniers soient déterminés absolument; mais ils le sont, tout au moins, d'une façon relative. L'apathique, par exemple, n'aura pas nécessairement une volonté forte ; mais l'apathique faible lui-même opposera une certaine force d'inertie. Si le degré de sa sensibilité peut varier, son niveau est pourtant toujours assez bas, et, même à son degré le plus élevé, elle est plus imaginative que réelle. Enfin l'apathique n'est pas nécessairement dépourvu de toute imagination, nous ne disons pas seulement de l'imagination constructive, nécessaire à la science elle-même, mais de cette sorte d'imagination sensible qui fait réapparaître en nous les sentiments et les images. Même alors cependant, nous l'avons vu, sa sensibilité est comme contenue : l'apathique, même sous le coup de l'inspiration, se possède, et son intelligence ne perd jamais de sa lucidité. D'une façon générale, celle-ci est d'ailleurs plutôt portée vers les abstractions, et, comme le pouvoir d'attention réfléchie atteint d'ordinaire chez lui un très ample développement, il s'ensuit que l'apathique est éminemment propre aux recherches scientifiques.

Il semble bien, d'après ce qui précède, que l'apathique doit manquer lui aussi de souplesse, comme le passionné. C'est, en effet, ce qui a lieu. Mais cette souplesse, qu'il n'a pas dans la volonté, peut se retrouver en partie soit dans sa sensibilité, soit dans son imagination ; et, par là, sa rigidité peut être dans une certaine mesure tempérée.

De même, comme ce sont les passions qui surtout apportent le trouble dans notre âme, et que l'apathique en est exempt, il s'ensuit qu'il sera gai en général, non pas de cette gaîté bruyante qui trouve dans le plaisir un aliment, mais d'une gaîté plutôt calme. L'apathique fort surtout, qui a peu de désirs et qui sait arriver à ses fins, a toutes les chances d'être heureux, et, si son intelligence est tournée vers les hautes spéculations, il pourra connaître les délices de la joie intellectuelle. Même s'il éprouve des passions et des émotions, comme celles-ci restent confinées dans le domaine de l'imagination, il y prend plaisir, il en jouit, mais il n'en souffre pas. Il sait supporter le malheur sans jamais s'en laisser accabler, et, chez lui, la tristesse elle-même n'exclut pas la sérénité.

CHAPITRE VI

Les Sensitifs-Actifs

Dans les chapitres précédents nous avons étudié successivement les SENSITIFS et les ACTIFS. Dans le groupe des SENSITIFS nous avons distingué les caractères *affectif* et *émotionnel*, et, dans le groupe des ACTIFS, le caractère *passionné* et le caractère *apathique*. Or, nous avons vu dans notre étude des tempéraments que le sanguin et le nerveux pouvaient, chacun de leur côté, se combiner avec le colérique, ce qui nous donnait une nouvelle catégorie, celle des SENSITIFS-ACTIFS, comportant deux subdivisions : le *sanguin-colérique* et le *nerveux-colérique*. Nous aurons donc également une nouvelle catégorie de caractères, celle des SENSITIFS-ACTIFS et, dans cette catégorie, deux espèces : l'*affectif-passionné* et l'*émotionnel-passionné*.

I. — L'*affectif-passionné* participe naturellement de la nature de l'affectif et de celle du passionné. Ce qui domine en lui, c'est la sensation, souvent très vive, mais qui, à cause de son peu de durée, ne produit pas chez lui l'émotion.

D'autre part, l'affectif-passionné est doué de passions puissantes, et, comme le passionné lui-même, il éprouve le besoin d'exprimer au dehors sa personnalité, de la traduire dans des actes. Comme d'ailleurs à l'instabilité du passionné il joint celle de l'affectif, l'unité dans la direction de la vie lui fait généralement défaut. Nous pourrions citer comme exemple la versatilité de Diderot.

Tous, sans doute, ne sont pas au même degré des instables, et l'on pourrait observer que Diderot lui-même fit preuve de volonté persévérante, lui qui soutint, qui dirigea pendant vingt ans, qui mena à bonne fin l'*Encyclopédie*, à travers mille dangers, mille persécutions de toutes sortes. C'est que l'affectif-passionné, en même temps qu'il est un sensitif, est aussi, ne l'oublions pas, un actif. Lui aussi, comme le pur passionné, il faut qu'il agisse. Cependant il ne pourrait pas, comme ce dernier, trouver dans la passion une force capable d'imprimer à sa conduite l'unité. Aussi l'unité ne lui vient-elle pas de lui-même, mais du dehors. Si l'affectif-passionné rencontre un obstacle, comme il aime la lutte, il s'empressera de réagir, et, si cet obstacle se renouvelle toujours le même, il s'ensuit que ses efforts prendront une direction uniforme. Supposons Diderot livré à lui-même, sans adversaires à combattre, et vivant dans une atmosphère de calme, de repos ; supposons que, sans aucunement chercher à le troubler, on attende patiemment son livre : il concevra peut-être encore l'*Encyclopédie*, car il est bien tentant d'apprendre ainsi « à connaître tous les arts en étant » forcé de les décrire », mais soyons assurés qu'un tel ouvrage, entrepris dans ces conditions, ne serait jamais achevé.

L'affectif-passionné est donc un homme d'action ; mais l'action est chez lui provoquée par la sensation, et c'est pourquoi elle manque en général chez lui de pondération. Ce qui prouve bien cependant que l'action est pour lui, comme pour le passionné, un besoin, c'est que l'œuvre pensée, lui apparaît elle-même comme un acte. Le but de l'œuvre, selon lui, est non pas le beau, mais l'utile. « Un bon livre, dit Mirabeau, » est doué d'une vie active, comme l'âme qui le produit ; il » conserve cette prérogative des facultés vivantes qui lui » donnent le jour ».

A la pensée, à la méditation, l'affectif-passionné préfère la vie et l'action. Stendhal, cet ancien soldat de Napoléon, qui l'avait suivi dans plusieurs de ses campagnes et qui, pendant la retraite de Russie, songeait à se raser de frais, Stendhal était plus fier d'avoir servi le grand homme, d'avoir porté le casque du dragon à longue crinière noire, que des livres qu'il avait composés, et il était tellement épris de l'action qu'il avait songé à écrire une *Histoire de l'Énergie en Italie !*

Tel encore Blaise de Montluc, qui n'écrivit ses *Commentaires* dans les dernières années de sa vie que parce que l'inaction le rongeait. Lui aussi avait la passion de la guerre, et son style, rempli d'images, dénote bien le soldat qui assista à un nombre incalculable de batailles rangées, d'assauts, de défenses de places, d'escarmouches.

Un autre écrivain, Saint-Simon, dont la vie fut bien différente, présente le même caractère. Ce petit homme, fait pour la sensation, même très vive, et pour l'action, même désordonnée, étouffait à la cour de Versailles. De là ses accès de colère et ses emportements, qu'il devait contenir en public, mais qui n'en éclataient que plus violents lorsque, rentré chez lui, il se trouvait face à face avec ses *Mémoires*, dans lesquels il jetait pêle-mêle, avec l'ardeur d'une passion toujours enflammée, toujours vibrante, ce qu'il avait vu : dessinant et gravant ses portraits à l'emporte-pièce, fouillant l'âme de ses personnages avec une lucidité étonnante, devenu psychologue sous l'empire des passions qui l'agitaient, et trouvant l'image, la tournure, l'expression, parfois incorrecte, parfois triviale, mais en revanche toujours vraie, toujours heureuse et pittoresque.

Mais ce n'est pas seulement de l'action que l'affectif-passionné est épris : il l'est aussi de la sensation, même assez grossière ; c'est dire qu'il est assez souvent un sensuel. Stendhal, tel que nous le montrent les portraits que nous avons de lui, était un personnage « à larges épaules, à col

» très court, à fortes mâchoires, avec un front carré, un nez
» bien ouvert, une bouche serrée et des yeux aigus[1]. » Et
tout le monde connaît celui de Mirabeau, cette tête énorme
et enfoncée dans les épaules, cette figure ravagée, ces lèvres
épaisses, ces yeux pleins de feu qui, en même temps que
toutes les passions, dénotaient un amour démesuré de la
sensation. Or Stendhal, qui scandalisait George Sand par sa
crudité, ne reculait pas devant certaines aventures dignes de
Rabelais; et les *Lettres à Sophie* de Mirabeau sont parfois
d'un réalisme que pourraient lui envier certains de nos
romanciers contemporains.

L'amour de la sensation peut d'ailleurs revêtir chez
l'affectif-passionné une forme beaucoup plus élevée. L'individu qui appartient à ce genre pense en général à agir, à
sentir, bien plutôt qu'il ne songe à se regarder vivre et
à s'analyser. Quand il le fait, ce n'est d'ailleurs que pour
rendre la sensation plus intense, que pour la redoubler, en
quelque sorte, et en sentir tout le prix et toute la valeur.
Ce faisant, il la rend en même temps plus subtile et plus
délicate. Stendhal a senti courir dans ses nerfs ce frisson,
en partie du moins voluptueux, que le plus brave éprouve
en face du danger, et, en le décrivant, il aime à le renouveler.
« L'analyse ici, dit P. Bourget, donne un coup de fouet à la
» sensation, et si ce coup de fouet cingle les nerfs de tous
» les personnages que Beyle nous décrit, c'est qu'il en avait
» éprouvé les cuisantes délices. »

Sans anticiper sur ce que nous aurons à dire plus tard de
l'intelligence de l'affectif-passionné, nous pouvons donc noter
dès à présent que, s'il est le plus souvent un homme d'action,
il pourra être aussi un psychologue ; car sa nature est assez
riche pour qu'il puisse voir dans leur détail, à travers son
âme, celle des autres. Mais sa psychologie, qui aura un
caractère spécial, se cantonnera plus spécialement dans la

---

[1] P. Bourget. *Essais de Psychologie contemporaine.*

passion et la sensation. Ce sera une psychologie vivante et, si l'on peut dire, en action, qui ne connaîtra peut-être qu'une partie de l'âme humaine, mais qui la connaîtra tout au moins dans ses profondeurs, si elle ne la connaît pas dans ses sommets.

II. — La passion et l'amour de la sensation semblent dénoter l'égoïsme, qui engendre l'orgueil. Cependant l'affectif passionné sera plutôt, comme l'émotionnel lui-même, vaniteux. Dans ses *Commentaires*, Montluc dit de lui-même qu'il est *glorieux*, et il aime à se donner en exemple aux capitaines à venir. Mme de Maintenon dit de même de saint Simon qu'il est « glorieux, frondeur et plein de vues. »

Les exemples que nous avons cités et le genre de composition du caractère de l'affectif-passionné pouvaient faire pressentir que les sentiments de celui-ci, comme ceux du pur passionné, sont plutôt énergiques et violents. Or, ils le sont d'autant plus qu'ils ne peuvent être chez lui mitigés, atténués, adoucis par l'émotion. Si en effet la passion, qui domine chez le passionné, peut produire en lui l'émotion, elle ne le peut pas chez l'affectif-passionné, ou tout au moins elle ne le peut que dans une mesure très restreinte : et c'est ce qui explique que la passion reste chez lui plus particulièment circonscrite dans la sphère de l'individu.

L'émotion n'atteint jamais chez l'affectif-passionné qu'un degré assez peu élevé. Elle peut exister cependant, mais avec un caractère particulier, comme chez l'apathique. Mirabeau, par exemple, dont la vie fut si agitée et les passions si puissantes, n'en fut pas moins un romanesque ; et cette sensibilité, qui ne fut sans doute pas étrangère à l'action qu'il exerça sur ses contemporains, n'est pas seulement la marque de son siècle : elle venait de son propre fonds, de son tempérament, et c'est parce que les hommes du XVIIIe siècle l'aperçurent, mêlée à la masse des passions fougueuses qui grondaient dans cette âme puissante, qu'ils se reconnurent en lui. C'est cette sensibilité qui apparaît souvent au milieu de ses discours les plus enflammés, comme dans un éclair; mais elle se manifeste plus encore dans ces mêmes *Lettres à Sophie*, que nous avons citées précédemment. Comme on pouvait s'y attendre cependant, et comme il est facile de s'en convaincre, tant par les écrits de Mirabeau, que par la facilité avec laquelle il rompt avec cette femme qu'il a tant aimée, qui a tout abandonné pour le suivre en Hollande et pour partager avec lui la vie de labeur et de misère qui l'attendait en ce pays; comme il est facile, disons-nous, de s'en convaincre par ces témoignages éclatants, la sensibilité provenait chez Mirabeau plus de la tête que du cœur. Ce n'est pas cette sensibilité qui vous prend aux entrailles, qui accapare l'homme tout entier, et que l'on rencontre par exemple chez l'émotionnel : c'est la sensibilité toute de surface du *Méridional*, qui s'exalte au son de ses propres paroles, qui s'en fait accroire à lui-même, qui s'apitoie sur son propre sort, croyant pleurer celui des autres, et qui oublie vite. Ce qui la distingue cependant de la sensibilité de l'apathique, c'est qu'elle est plus vive en un sens, qu'elle s'exprime davantage au dehors: d'un mot que, si elle n'est pas une sensibilité vraie, elle en a pour le moins toutes les apparences.

Stendhal, non moins que Mirabeau, était ou paraissait doué d'une très grande sensibilité. Le mot *tendre*, comme le remarque P. Bourget, est un mot qui revient constamment dans ses confidences. Ne le croyons pourtant pas sur parole, quand il dit que ce qui ne fait qu'effleurer les autres le blesse jusqu'au sang, mais qu'il a appris à cacher tout cela « sous de » l'ironie imperceptible du vulgaire. » Une sensibilité qui sait si bien se maîtriser est toujours plus ou moins une sensibilité de tête, et nous avons vu qu'elle pouvait même parfois se rencontrer dans un tempérament assez froid. Stendhal se fait donc illusion, et ce qu'il prend pour de l'émotion n'est bien souvent chez lui qu'une manière de penser, pour le moins autant que de sentir. Après cela il est possible, comme le

veut M. Rod ¹ que sa sensibilité se soit repliée sur elle-même
parce qu'elle avait été blessée et qu'elle s'était aigrie dans son
enfance ; mais si l'écrivain qui a écrit Armance a inventé
aussi Julien Sorel, c'est qu'il était un passionné *affectif* et
non *émotionnel*.

III. — Sensations intenses, passions puissantes, absence
d'émotion : voilà, avons-nous dit, ce qui caractérise l'affectif-
passionné. De là résulte la nature de son intelligence. Comme
celle de l'affectif, elle restera surtout confinée dans la sensation, et, comme celle du passionné, elle percevra des images,
plutôt que des sentiments ou des idées. De même les associations se feront surtout entre des sensations et des images.
Ce sont, par suite, les rapports par contiguïté qui l'emportent
dans les intelligences de cet ordre. Comme, d'autre part,
l'émotion n'apparaît pour ainsi dire pas, ou du moins n'apparaît qu'en sous-ordre, rien par suite ne vient rompre le
cours de ces associations. C'est donc la sensation, et la sensation seule, qui fournit à cette nature d'intelligence à la fois
sa matière et sa forme. La passion elle-même se trouve orientée du côté de la sensation. Contenue par cette dernière, elle
ne peut engendrer qu'à grand'peine l'émotion, et, même quand
celle-ci se produit, elle n'acquiert jamais une force qui lui
permette de contrebalancer la passion ou la sensation. Le
style de l'affectif-passionné sera donc imagé, savoureux,
comme celui de Montluc ou de Saint-Simon ; mais on ne
trouvera chez lui ni rigueur dans le raisonnement, ni grandeur dans les conceptions. Même quand l'affectif-passionné
est doué, comme c'est le cas pour Diderot, d'une intelligence supérieure, il a des idées successives, qu'il peut développer à merveille, mais qu'il n'est pas capable d'organiser en
un système cohérent.

L'intelligence de l'affectif-passionné ne s'élève donc pas
généralement aux grandes vues, aux grandes conceptions

¹ Edmond Rod. *Samdhal.* Chap. III (Hachette).

métaphysiques ; il n'est à aucun degré idéaliste. Il vit dans la sensation, dans le monde tel qu'il s'offre aux sens, et ne cherche rien au delà. Il peut s'enthousiasmer pour des faits, non pour des idées ; et comme celles-ci, du moins les idées pures, frappent très peu son intelligence, il serait bien plutôt tenté de leur dénier toute valeur. Parfois, il est vrai, l'affectif-passionné lui-même en vient à manier des idées ; mais, même alors, c'est sans perdre de vue la pratique. Ce sont d'ailleurs les idées moyennes qu'il manie avec le plus d'aisance, et, comme son style est imagé, s'il possède, jointe à cela, une grande facilité d'élocution, ce sera un grand orateur.

L'idée n'apparaît donc à ce genre d'esprit que comme, pour ainsi dire, pénétrée de sensation, et cette tendance à se confiner dans le fait précis, positif, est ce qui détermine sa croyance. Aussi est-il, non pas toujours, mais assez souvent cependant, matérialiste et athée. Et il n'a aucune peine à l'être. S'il vient à perdre les croyances qui lui ont été inculquées dans son enfance, il n'éprouve aucun déchirement. Il ne se produit en lui aucune de ces tempêtes intérieures qui bouleversèrent l'âme d'un Jouffroy ou d'un Renan. Il est calme, il est froid en face du mystère : il ne se révolte même pas. « Les *Lettres à Sophie* de Mirabeau, dit M. Faguet, contiennent » un manuel d'athéisme formel, et indiscutable précisément » parce que l'athéisme y est tranquille, sans colère, sans » forfanteries, et confidentiel. Mirabeau n'est pas, en cette » affaire, un fanfaron, un fanatique à rebours, un phraseur, » un révolté ou un imbécile. C'est un homme presque né » dans l'athéisme, qui n'a pas traversé de crise, ni de période » d'angoisses, qui, au contraire, est incroyant de nature, de » penchant propre, ou, au moins, de très longue habitude. » Et Stendhal déclare, après sa première attaque d'apoplexie, qu'il vient de se colleter avec le néant, et que le passage n'est si désagréable qu'à cause de « toutes les niaiseries qu'on nous » a mises dans la tête à trois ans ».

Ici, pourtant, nous tenons à faire une remarque. Que la tendance de l'affectif-passionné soit bien celle que nous venons de dire, cela ne nous paraît pas contestable. Nous ne voudrions pas, cependant, tomber dans l'excès de prétendre que tel tempérament conduit nécessairement au matérialisme, tel au déisme, etc. Des affirmations aussi catégoriques sont trop facilement démenties par les faits et ne peuvent que faire méconnaître ce qu'une thèse peut renfermer de vrai. En réalité, les influences qui contribuent à former nos opinions sont très nombreuses, et, si grande que soit, en ce qui les concerne, l'importance du tempérament, il ne peut néanmoins que leur donner une direction générale. Et nous ne parlons pas bien entendu de ceux qui, n'ayant pas d'opinion personnelle, se contentent de refléter l'opinion d'autrui ; mais ceux-là même qui pensent par eux-mêmes ont été également soumis à des influences très diverses. Si, de plus, on observe combien est grande la multiplicité des tendances qui en nous se combattent ou s'unissent, on voit par là que notre manière de sentir et de voir n'est pas quelque chose de simple, mais au contraire un composé extrêmement complexe. Mais quand l'affectif-passionné s'assimile des idées, que ces idées lui viennent des autres ou de lui-même (car il s'assimile d'une certaine façon, même ces dernières, du moment qu'il les accepte et les laisse pénétrer dans le tissu de sa pensée), quand donc il s'assimile des idées, l'affectif-passionné leur impose, pour ainsi dire, son empreinte. Celles-ci se transforment, se colorent des reflets de sa sensibilité spéciale et prennent la teinte qui lui est propre. L'affectif-passionné lui-même sera donc parfois un croyant ; mais, ce que nous pouvons affirmer c'est que, même alors, sa foi n'aura dans aucun cas rien de mystique.

Un amour exclusif du fait, de la sensation, renforcé chez lui en quelque sorte par la faculté qu'il possède de reproduire les images : voilà, avons-nous dit, ce qui explique, chez l'affectif-passionné, la direction de sa pensée ; et nous avons conclu que les associations sont souvent chez lui plus mécaniques que logiques. Il peut pourtant y avoir dans la pensée de l'affectif-passionné une certaine unité, unité qui est produite à la fois par la force de la sensation et par la persistance de l'image. Un objet que nous percevons produit en nous une certaine impression. Cette impression est faite de mille petits détails, dont nous n'avons qu'une perception très confuse, mais que nous saisissons dans leur ensemble. Or, l'affectif-passionné perçoit à la fois l'ensemble et les détails d'une façon très nette. Il perçoit ces détails dans leurs rapports, il voit comment ils se rattachent à l'ensemble : de sorte que l'unité de sa pensée est surtout une unité d'impression. C'est cette faculté, portée à un très haut degré que possédait par exemple Balzac, et qui lui permettait non seulement de créer des types, mais de ressusciter dans leur ensemble des groupes humains avec les actions et réactions les uns sur les autres des membres qui les composaient. M. Faguet constate que de grands génies, comme Corneille, n'ont pas ce don de voir ainsi les détails des objets. C'est que la nature d'esprit d'un Corneille est, en effet, très différente de celle que nous étudions. Corneille est un passionné et non un affectif. Emporté sur les ailes de la passion, il s'élève bien plus haut que Balzac ; mais, si la sensation est pour Balzac comme un poids qui l'empêche de quitter la terre, elle lui permet, en revanche de donner à ses conceptions, sinon plus de vie, au moins plus de réalité.

CHAPITRE VII

Les Sensitifs-Actifs (Suite)

La seconde espèce du SENSITIF-ACTIF est l'*émotionnel-passionné*, qui participe de la nature de l'émotionnel et de celle du passionné.

On sait que l'on peut suggérer à une personne en état d'hypnotisme des sentiments de piété, de tristesse, de terreur, de colère ou de joie en lui donnant l'attitude extérieure qui correspond à chacun de ces sentiments. C'est que le système musculaire, et par suite le système moteur, réagit en ce cas sur le système sensitif. Pascal, qui se rendait très bien compte du phénomène, recommandait de « plier la » machine ».

L'émotion, d'autre part, provoque l'action, et nous avons vu qu'elle pouvait se transformer en passion. D'où il suit que le système moteur et le système sensitif exercent l'un sur l'autre une action réciproque.

Chez l'émotionnel, il y a donc de la passion, et chez le passionné, de l'émotion. Mais, chez l'un et chez l'autre, par suite de la prépondérance très marquée de la passion ou de l'émotion, c'est l'une ou l'autre qui fournit la note caractéristique.

Chez l'émotionnel-passionné, l'émotion et la passion sont à peu près d'égale intensité : elles agissent par conséquent l'une sur l'autre et mutuellement se renforcent.

Alors donc que, chez l'affectif-passionné, la passion s'unissait à la sensation, chez l'émotionnel-passionné au contraire elle s'unit à l'émotion : ce qui donne un composé très spécial. Comme d'autre part la passion et l'émotion, qui s'engendrent réciproquement, n'ont pas de contre-poids, il se produit une sorte d'action circulaire dont nous allons avoir dans ce chapitre à déterminer les effets.

I. — Quel sera tout d'abord, chez l'*émotionnel-passionné*, la nature de la volonté ? L'émotionnel, nous l'avons vu, ne possède qu'une volonté faible, et chez le passionné, d'autre part, nous avons distingué des instables. La volonté de l'émotionnel-passionné sera donc faible. Ce qui le confirme d'ailleurs, c'est que, chez lui, par suite de l'action réciproque de la passion et de l'émotion, le pouvoir d'inhibition fait défaut.

On peut ne pas pouvoir vouloir, soit par excès, soit par défaut d'impulsion. Quand les désirs sont trop peu intenses, en effet, l'émotion ne peut pas se produire. Elle ne se produit pas davantage lorsque les désirs, trop intenses au contraire, ou trop nombreux, se neutralisent. Or, c'est là ce qui se produit chez l'émotionnel-passionné. Il ne peut pas arriver à accomplir un acte véritablement volontaire, parce que ses tendances, qui ne peuvent pas se discipliner, se contrarient. A chaque instant il est assailli par le flot toujours montant de ses désirs, de ses sentiments, de ses pensées : il est comme submergé par eux, lutte contre eux, mais ne peut pas vouloir.

Comment d'ailleurs, chez l'émotionnel-passionné, la volonté pourrait-elle se constituer ? Elle le peut chez l'émotionnel, chez qui parfois une émotion dominante se fait centre, autour de laquelle viennent se grouper les émotions secondaires. Elle le peut chez le passionné, chez qui une passion maîtresse peut s'emparer de l'individu tout entier. Elle le peut surtout chez l'apathique, chez lequel les idées sont souveraines, en l'absence de passions et d'émotions. Mais, au milieu de ces émotions, de ces passions contradictoires qui naissent à chaque instant dans l'âme de l'émotionnel-passionné et s'y pressent en foule, comment un pouvoir d'arrêt, quel qu'il soit, pourrait il apparaître ? Comment une émotion ou une passion, à défaut d'une idée, pourrait-elle devenir assez puissante pour arrêter ce cours impétueux, ce torrent sans cesse renaissant d'impulsions contraires, qui se heurtent à chaque instant et se brisent les unes contre les autres ?

Parfois, il est vrai, on rencontre chez l'émotionnel-passionné des mouvements qui aboutissent à des actes. Il se figure alors, et l'on pourrait se figurer qu'en ce cas il a réellement voulu. Il n'en est rien cependant : ce sont bien ses sentiments, ce sont bien ses tendances qui s'expriment ; mais ces sentiments, mais ces tendances, il ne les ramène pas à l'unité. Celui qui veut véritablement doit pouvoir arrêter certains de ses mouvements et ne laisser les autres s'exécuter qu'à bon escient : l'émotionnel-passionné ne le peut pas.

Lorsque l'émotionnel-passionné agit, c'est donc le mécanisme de l'émotion et de la passion, mécanisme que nous avons décrit, qui fonctionne, pour ainsi dire, de lui-même. Parfois, ses passions éclatent si puissantes qu'elles font irruption au dehors. Alors, comme s'exprime V. Hugo [1], « son » inaction s'entr'ouvre et il sort du tonnerre de la déchirure. »

L'impulsion, quand le fait se produit, est subite, et suivie d'une exécution immédiate. L'individu n'a pas le temps de la réflexion : il ne se rend pas compte le plus souvent du mobile qui le fait agir. L'idée, qui couve parfois depuis longtemps, n'aurait pas déterminé l'action à elle seule : une circonstance, une sensation insignifiante la produit. La seule raison plus particulière et plus pressante qu'il ait parfois de prendre un parti, c'est qu'il en faut prendre un. Il fait alors son choix et s'y précipite, tête baissée, un peu au hasard. Une fois la résolution prise, comme elle lui coûte un grand

---

[1] V. Hugo. *William Shakespeare.* — Hamlet. — Deuxième partie, § II.

effort, il se produit dans l'âme de l'émotionnel-passionné une rupture profonde d'équilibre. Puis, peu à peu, son moi se reforme, s'adapte à son nouvel état, l'accepte et le considère comme une partie intégrante de lui-même.

Cependant l'émotionnel-passionné a toujours une conscience, plus ou moins obscure, de la façon dont l'acte s'est accompli, pour ainsi dire à son insu. Il sent qu'il a été dominé par une force intérieure qui est une partie de lui-même, mais qui n'est pas lui. En revanche, s'il n'agit pas, il n'est jamais embarrassé pour trouver des raisons de son abstention, et il se forge constamment des prétextes de ne pas vouloir. Rien ne lui sera plus facile, lui semble-t-il, quand il se représente l'acte, que de passer à l'exécution. Mais, une fois en présence du fait à accomplir, sa résolution l'abandonne, l'indécision recommence, les motifs surgissent en foule, qui lui permettent de couvrir à ses propres yeux et aux yeux des autres sa retraite. Encore une fois l'idée abstraite n'a pu triompher de la désunion de ses penchants.

L'émotionnel-passionné nous fournit donc le spectacle extrêmement curieux d'une sensibilité très vive et d'une absence presque complète de la volonté. Chez lui l'émotion et la passion, ces deux ressorts de la vie humaine, sont en lutte; lui-même lutte contre ses tendances, qui luttent les unes contre les autres. Par là même il réunit tous les contrastes. Aussi est-il un type essentiellement vivant, quoiqu'il paraisse en dehors de l'action et de la vie. « Il est tourmenté, dit » V. Hugo, analysant le personnage de *Hamlet*, il est tour- » menté par cette vie impossible, compliquée de réalité et de » chimère dont nous avons tous l'anxiété. Il y a dans toutes » ses actions du somnambulisme répandu... Il y a entre la » vie et lui une transparence; c'est le mur du rêve, on voit au » delà, mais on ne le franchit point. Une sorte de nuage- » obstacle environne Hamlet de toutes parts; ...Hamlet » n'est pas dans le lieu où est sa vie. Il a toujours l'air d'un » homme qui vous parle de l'autre bord du fleuve. Il vous

» appelle en même temps qu'il vous questionne. Il est à
» distance de la catastrophe dans laquelle il se meut, du
» passant qu'il interroge, de la pensée qu'il porte, de l'action
» qu'il fait. Il semble ne pas toucher même à ce qu'il broie.
» C'est l'isolement à la plus haute puissance... L'indécision
» en effet est une solitude. Vous n'avez pas même votre
» volonté avec vous. Il semble que votre moi se soit absenté
» et vous ait laissé là. Le fardeau de Hamlet est moins rigide
» que celui d'Oreste, mais plus ondoyant ; Oreste porte la
» fatalité, Hamlet le sort. » Dans cette page admirable,
Victor Hugo paraît avoir eu, pour comprendre et faire
comprendre Hamlet, l'intuition du génie. Hamlet assiste en
effet, étonné, impuissant, au spectacle des sentiments, des
idées, des passions qui se déroulent en lui et se combattent,
sans que son moi intervienne d'ailleurs dans la trame de ses
événements. C'est un somnambule éveillé : ce sont ses passions
et ses sentiments qui agissent, ce n'est pas lui. Étranger à
lui-même, il ne voit pas la vie directement, mais à travers une
sorte de transparence. Par cet exemple, unique dans la litté-
rature de tous les temps, nous voyons comment le moi,
comment la volonté se constitue et se rassemble. Ce n'est
vraiment pas aller trop loin que de dire, avec le poète, qu'il y
a de l'*infini* dans Hamlet. Nous voyons en lui la nature à
l'œuvre, qui essaye de s'organiser et qui avorte. Il y a dans
Hamlet du complet et de l'incomplet : c'est à la fois un caractère et une ébauche.

II. — L'émotionnel-passionné éprouve à la fois des passions
et des émotions. Il y aura donc en lui un mélange de sentiments *énergiques* et de sentiments *tendres*. C'est même là
une des raisons du désaccord profond qui s'établit entre ses
diverses tendances. Tantôt ce sont les émotions qui l'emportent, tantôt aussi les passions ; et, suivant le triomphe, d'ailleurs toujours éphémère, des unes ou des autres, sa conduite sera différente.

Parfois aussi, et même bien souvent, des tendances de nature opposée se combinent. La passion, en se fondant avec l'émotion, présente alors un caractère particulier. Nous avons vu ce qu'elle devenait chez l'affectif-passionné en s'unissant à la sensation. Elle se teinte, chez l'émotionnel-passionné, d'émotion : elle se fait tendre en un mot ou, si l'on veut, l'émotion se fait énergique. En même temps, elles restent confinées l'une et l'autre dans le domaine de la pensée, du sentiment. La passion peut en effet s'exercer au dedans, ou bien se répandre au dehors ; mais, si elle se renferme dans l'individu, l'émotion qui la suit n'en est que plus vive : c'est alors, par exemple, Pascal, ce grand inquiet, mourant du mal métaphysique et jetant dans des pages brûlantes l'ardeur dont il était rempli.

Ce mélange de sentiments tendres et de sentiments énergiques, c'est-à-dire, comme nous l'avons montré, de sympathie et d'égoïsme, produit un effet bien curieux. L'altruisme, au lieu de se répandre au dehors, se concentre pour ainsi dire dans le moi, de sorte que l'émotionnel-passionné se détache de toute affection. C'est la découverte qu'elle fait chez Hamlet de son incapacité d'aimer qui brise Ophélie et qui la couche dans la tombe.

Ce foyer ardent d'amour qui ne peut se répandre au dehors est, chez l'émotionnel-passionné, comme un feu intérieur qui se consume. Ne pouvant s'aimer lui-même ni les autres, l'émotionnel-passionné s'attache à Dieu. « Non seule- » ment, dit Mᵐᵉ Périer dans la biographie qu'elle a écrite de » son frère, non seulement il n'avait pas d'attache pour les » autres, mais il ne voulait pas que les autres en eussent » pour lui. » Peut-être dira-t-on que cette attitude de Pascal à l'égard des siens était préméditée et voulue, et qu'il ne faisait que se conformer en cela aux prescriptions de sa conscience, prescriptions conformes d'ailleurs à celles de la religion. Mais nous pensons que le christianisme, de son côté, n'a fait lui aussi en cela que codifier une tendance naturelle à l'homme violemment épris de Dieu. Tous les grands saints, surtout les mystiques, étaient naturellement détachés de toute affection terrestre. Sainte Thérèse s'étonnait elle-même du profond sentiment d'indifférence que lui laissait la vue des siens. Le christianisme n'aurait donc eu, pour ainsi dire, qu'à formuler cette tendance et à la réduire en préceptes.

Aussi sommes-nous amenés à faire rentrer dans cette classe ceux que M. Ribot appelle les *contemplatifs*, c'est-à-dire, comme s'exprime ce philosophe, « les purs adeptes de la vie » intérieure qui se trouvent à toutes les époques et dans tous » les pays (yoghis de l'Inde, soufis persans, thérapeutes, » moines de toutes croyances), plongés dans la vision béati- » fique, n'ayant rien écrit ni rien fondé; ayant suivi leur » rêve, traversé leur temps sans y laisser de traces. »

Nous avons remarqué que l'émotionnel était le plus souvent *mélancolique*. A cette mélancolie nous avons attribué une double cause: la première d'origine sensitive, la seconde d'origine intellectuelle; la première consistant dans l'excès d'émotivité et la seconde dans l'abus de la réflexion. A plus forte raison ces deux causes concourent-elles pour produire chez l'émotionnel-passionné le même effet, mais d'une inten- sité plus grande encore. « Au moment où commence le » drame, dit M. Dumas [1], Hamlet est en proie à un accès de » mélancolie; la mort de son père, le mariage précipité de la » reine l'ont jeté dans une immense tristesse... Sur cette » tristesse, les idées noires germent en foule, le monde » semble mauvais, la vie intolérable... Sans aucun doute, » avant la mort de son père, Hamlet était déjà plus propre à » l'analyse qu'à l'action; c'était un philosophe raisonneur, » instruit à Wittemberg dans l'art de la sophistique, comme » il le montre au fossoyeur; c'était un esprit peu résistant » pour les tristesses qui envahissent et qui brisent; mais » depuis la mort du roi, il est vraiment malade et la mélan- » colie déprime son corps et son âme. » Les événements, si

---

[1] G. Dumas. *Les états intellectuels dans la mélancolie,* p. 56-58.

tragiques soient-ils, qui viennent de se passer, ne suffisent pas en effet à expliquer l'immense désenchantement, la tristesse incurable de Hamlet, tristesse qui se répand sur toutes choses. Le meurtre de son père n'eût pas produit cette mélancolie s'il n'eût trouvé en lui une âme prête à la recevoir. « Souvent, il est vrai, dit Schopenhauer [1], notre tristesse » n'est déterminée bien visiblement que par nos relations » avec le dehors : et là est l'unique cause qui nous frappe et » nous trouble ; alors nous nous figurons qu'il suffirait de » supprimer cette cause, pour nous faire entrer dans la joie » la plus parfaite. Pure illusion ! » Pure illusion, en effet. La cause de la mélancolie de Hamlet est en lui, dans sa sensibilité orageuse et profonde, non dans l'événement qui la provoque. Elle est dans sa tendresse ardente pour son père, dans son désir, dans sa soif de vengeance, dans son doute, dans son anxiété, dans son horreur à verser le sang de ses proches, dans les défaillances de sa volonté, dans le chaos désordonné, confus, qu'il porte en lui, d'aspirations impuissantes.

III. — Cette incohérence des sentiments et des désirs ne se traduit pas toujours, comme on pourrait le croire, par l'incohérence des idées. Chez l'émotionnel, les idées peuvent s'unir sous l'influence d'un sentiment ; et, chez le passionné lui-même, le cours des images, qui s'associent mécaniquement, peut être cependant surveillé, nous l'avons vu, par la rais Chez l'un comme chez l'autre, par conséquent, p t se produire l'unité. Or, malgré la diversité des sentiments et des images qui surgissent pêle-mêle dans l'âme de l'émotionnel-passionné, l'unité peut aussi se produire en lui. Nous avons constaté que le moi, chez l'émotionnel-passionné, assistait impuissant à la lutte de ses passions, de ses émotions, de ses pensées. Ce moi, les spiritualistes l'avaient posé à

[1] Schopenhauer, *Le monde comme volonté et comme représentation* (Traduct. Burdeau). Livre IV, § 57 (Alcan).

part et l'avaient qualifié substance. C'était la substance pensante, et aussi la substance qui voulait. En réalité, cela n'est pas autre chose que la conscience plus ou moins claire que nous prenons de nos états organiques et psychiques.

Or, chez l'émotionnel-passionné nous trouvons comme une scission faite par la nature, de la conscience d'une part, de la sensibilité et de la volonté de l'autre. Le moi, en tant que sentant et réagissant, ne parvient pas à se constituer; mais il se constitue néanmoins en tant que conscient, et, s'il n'a pas la direction de ses sentiments, de ses idées, il peut au moins les percevoir et juger de leur désaccord. De là, chez lui, un sentiment très intense de l'impuissance de la raison humaine. En face du conflit des opinions contraires qui se succèdent perpétuellement dans son âme, toutes douées d'une très grande force d'objectivité, parce qu'elles sont toutes également le reflet d'impulsions puissantes; en face, disons-nous, de ce conflit, l'émotionnel-passionné en vient fatalement à penser que toute opinion est vraie ou fausse, suivant le moment, suivant l'humeur, suivant la nature de l'esprit qui juge, suivant la face que l'on considère dans l'objet, suivant l'état dans lequel se trouve le sujet et celui dans lequel se trouve l'objet au moment où se produit le jugement : en un mot, il en vient à penser que nulle opinion n'est vraie, et le scepticisme n'est pour ainsi dire chez lui que la traduction, que l'expression de sa nature.

Bien qu'il soit le plus souvent incapable de coordonner ses idées et ses sentiments, l'émotionnel-passionné peut donc être doué, s'il possède un appareil cérébral bien organisé, d'une raison puissante. Il ne peut pas faire disparaître les contradictions qui sont en lui; mais il voit, il juge ces contradictions. En lui, pour parler le langage des idéalistes, le principe pensant se dégage de la mêlée des passions et les domine du regard. Dans les sciences qui n'intéressent pas sa sensibilité, il pourra faire, lui aussi, s'il est un Pascal, les plus brillantes découvertes. Mais bientôt le cercle des vérités mathématiques lui apparaît comme trop rigide, trop inflexible et trop étroit. Il s'élance alors au delà, se remet à penser avec tout lui-même ; puis, franchissant et laissant bien loin derrière lui les limites de la science exacte, il cherchera Dieu, l'*Infini*.....

Etant données ces dispositions et ces tendances, étant donné ce tumulte intérieur, qui gronde sourdement dans l'âme de l'émotionnel-passionné, étant données cette contradiction de ses tendances et cette lutte qu'il soutient constamment contre lui-même, on comprend qu'il n'y ait en lui rien du calme d'un Spinoza, se délectant dans le spectacle des vérités éternelles et les voyant toutes découler d'une formule unique ; mais ce que l'on comprend surtout, c'est que son attitude en face des grands problèmes soit bien différente de celle que nous avons pu constater chez l'affectif-passionné. Devant les questions troublantes qui concernent notre origine et notre destinée, et auxquelles l'affectif-passionné répond froidement par la négation pure et simple, devant ces questions, disons-nous, l'émotionnel-passionné s'émeut. L'énigme terrible se dresse devant lui : il entre en effroi, il mesure des yeux l'abîme. Plus de sourire cette fois, plus de calme : c'est une lutte terrible qui s'engage ; et, dans ce combat corps à corps contre le sphinx, dans ces étreintes vigoureuses, suivies de lassitudes, dans ces défaillances, dans ces découragements, dans ces espoirs, parfois triomphant, toujours finalement vaincu, il ne peut enfin trouver le repos que dans la foi.

Comme on le voit, chez l'émotionnel-passionné comme chez les différents types que nous avons jusqu'ici passés en revue, c'est le tempérament, c'est la sensibilité : en un mot c'est le caractère qui donne au cours des idées sa direction. Lorsque la sensibilité n'est pas en jeu, la synthèse des idées s'opère chez lui comme chez l'apathique. Mais, à cette contemplation muette il ne se tient pas très longtemps. En vertu des lois bien connues de l'association, ces idées éveillent bientôt en lui des sentiments et des images : la sensibilité

a tôt fait de rompre ses digues et de rentrer en scène avec
tout son cortège d'émotions et de passions. A partir de ce
moment, les idées prennent vie et se colorent, et, plus forts
qu'elles, les sentiments et les images les entraînent. La synthèse mentale peut dès lors continuer son œuvre; mais, les
éléments ayant changé, elle est elle-même différente. Idées,
images, sentiments s'associent entre eux ou se repoussent; et,
comme la réflexion domine alors, c'est-à-dire l'effort pour
ramener ce composé à l'unité, il s'ensuit que, les éléments
qui contrarient la direction générale de la pensée étant éli-
minés, l'ensemble des dispositions mentales parvient à se
formuler, à s'exprimer, à former en un mot un tout bien
ordonné et cohérent.

Telle est la manière de penser de l'émotionnel-passionné,
s'il est doué d'une puissante organisation cérébrale. Et cela
nous aide à comprendre quel est, d'une façon générale, le rôle
de l'intelligence dans la direction de la conduite. Que la
conduite d'un homme soit pondérée, toujours la même, qu'il
se montre toujours ferme et constant, cela ne dépend que
dans une faible mesure de la vigueur, de l'énergie de sa
pensée. La capacité intellectuelle n'est pas ici ce qui importe,
et l'on voit des gens d'une intelligence médiocre posséder ces
qualités de caractère que n'ont pas eues les plus fermes génies.
Ce qui importe le plus en l'espèce, ce n'est pas la quantité
d'intelligence, ce n'est pas la puissance de la réflexion, mais sa
nature. Si les idées s'associent dans l'esprit en vertu de leurs
rapports logiques, le nombre de ces idées et le pouvoir que
l'on peut posséder de suivre une série de déductions plus ou
moins longue, n'ont ici qu'une importance secondaire. Mais
si quelqu'un pense des idées plutôt que des images et si
ces idées s'associent logiquement, c'est qu'il n'y a en
lui ni passions ni émotions, ni même de sensations un peu
fortes qui viennent rompre la trame des idées et en inter-
rompre le cours. De plus, celui qui est ainsi doué n'aura
nullement à lutter contre lui-même, et il n'éprouvera

aucune difficulté à faire passer dans ses actes le résultat de ses réflexions. Si la conduite de l'émotionnel-passionné est tout autre, ce n'est pas, comme on pourrait le croire, que la raison lui fait défaut. Il manque sans doute de cette espèce de jugement dont on a besoin dans la pratique et qui est en somme, malgré les vices et les folies des hommes, la chose du monde la plus répandue : « Il manque de bon sens », disent les gens simples, très fiers de posséder ce qu'il n'a pas. En revanche, il possède souvent une intelligence bien plus puissante, bien plus haute que celle de l'homme raisonnable ; et sa sensibilité lui permet parfois de projeter sur le dernier fond des choses des lueurs, rapides sans doute comme un éclair, mais qui n'en illuminent pas moins pour un instant toute la profondeur.

CHAPITRE VIII

Les Amorphes et les Tempérés

I. — On désigne généralement sous le nom d'*amorphes*, nous semble-t-il, un très grand nombre de caractères différents. A tous ceux, en effet, qui sont plastiques et malléables à l'excès, on a coutume de donner ce nom. Mais de tels caractères peuvent se rencontrer, nous l'avons vu, dans diverses catégories. Il est possible d'en trouver parmi les affectifs comme parmi les émotionnels, et il n'est pas jusqu'aux passionnés qui ne puissent être, eux aussi, modelés par les événements.

Le mot amorphe est donc un de ces mots vagues, employés dans le langage courant, sans signification bien arrêtée et dont il est nécessaire de préciser le sens. Il en est de ce mot comme du mot apathique, par exemple, que l'on emploie fréquemment, lui aussi, dans un sens peu déterminé. A ce dernier mot nous avons donné une signification précise, et l'on pourrait nous accuser de l'avoir quelque peu détourné de son sens ordinaire. Mais c'est toujours ainsi que la science est obligée de procéder. Elle se sert des mots en usage et elle détermine la signification de ces mots, par cela même qu'elle fixe et qu'elle détermine les idées.

De même donc que l'apathique n'est pas, ou tout au moins n'est pas uniquement celui que l'on se représente d'habitude, de même l'amorphe n'est pas non plus celui qui, quelle que soit la dose de sensibilité, d'émotion ou de passion qu'il possède, est façonné par ses entours. L'amorphe est pour nous celui qui est plastique, non par excès, mais par manque de sensibilité: c'est celui chez lequel le *système sensitif* et le *système moteur* sont également *très peu développés*.

Il y aurait par suite une certaine analogie, comme on le voit, entre l'apathique, tel qu'on l'entend d'habitude, et l'amorphe tel que nous l'entendons. Et pourtant celui-ci est bien distinct de celui-là; car, à l'inverse de l'apathique, qui oppose de la résistance à l'action venue du dehors, l'amorphe est au contraire un caractère essentiellement malléable. Ce ne sont pas seulement les systèmes sensitif et moteur qui lui font défaut, mais c'est encore le pouvoir d'inhibition.

Donc, chez lui, ni unité ni permanence ; et pourtant il a sa marque propre, qui est précisément d'être multiple et variable. Il n'est pas, il est vrai, dénué de toute sensibilité, de toute volonté; mais il ne possède qu'un très faible degré de l'une et de l'autre. Ce qui lui manque totalement c'est l'initiative ; et sa sensibilité elle-même, quand il en possède, est, peut-on dire, une sensibilité amorphe. C'est une sensibilité en quelque sorte végétative et qui sommeille. « Bovary, dit M. Faguet[1]
» est une plante. Il a les plaisirs et les peines, sourds,
» confus et profonds, du végétal paisible, qui boit l'air, la
» lumière, l'eau et les sucs du sol... Il vivra mollement, en
» une espèce de torpeur et de demi-sommeil continuels,
» vaguement satisfait de vivre, n'ayant pas de sensations par-
» ticulières, et le fait de vivre étant sa seule sensation, jus-
» qu'au jour où une blessure profonde, dont il souffrira, et
» atrocement d'abord, sourdement ensuite, et par où s'écou-
» lera goutte à goutte, incessamment, toute sa sève, l'inclinera
» vers la terre et l'y couchera enfin, comme desséché...»

Étant donnée cette forme de la sensibilité et de la volonté chez l'amorphe, il est évident que son intelligence ne pourra

Faguet. *Gustave Flaubert* (Hachette).

pas, en général, s'élever très haut. Elle n'est pourtant pas nécessairement nulle, et ce défaut d'intelligence n'est pas en tout cas un trait essentiel de son caractère. Même alors que le moi ne peut se constituer, se former en tant que sentant et agissant, il peut néanmoins, nous l'avons vu, se former en tant que pensant. C'est ce qui peut se produire chez l'amorphe. Quelque peu vives qu'elles soient, les impressions laissent en lui des idées ; et ces idées peuvent s'associer entre elles et se grouper. Ce que l'on peut dire seulement, c'est que les idées seront en lui nécessairement peu nombreuses : c'est que, n'étant pas alimentées par la sensibilité, elles ne seront ni vastes ni fécondes.

Chez l'amorphe d'ailleurs, comme chez les autres types, quel que soit le degré de son intelligence, celle-ci portera l'empreinte de son mode de sensibilité, c'est-à-dire qu'elle sera, elle aussi, un reflet. Comme sa sensibilité, en un mot, l'intelligence de l'amorphe manquera d'initiative : elle ne sera à aucun degré personnelle et ne pourra que s'assimiler les théories, les préjugés, les idées venus du dehors.

L'amorphe l'est donc entièrement : il l'est dans sa sensibilité, sa volonté, et même son intelligence. C'est le hasard, ce sont les circonstances qui décident de ce qu'il sent, de ce qu'il veut, de ce qu'il pense. Il ne fait que ce que font les autres ou ce qu'on a fait avant lui. Il subit toutes les influences, il dépend de tout et de tous. C'est l'institution sociale, c'est le milieu qui le soutient. Aussi s'inquiète-t-il de l'opinion de tout le monde et, comme le dit M. Ribot de ceux qu'il appelle les *sensitifs-humbles,* parce qu'il a conscience d'être faible, « se sent-il comme un néant dans l'organisme social » qui pèse sur lui de tout son poids. »

II. — La définition que l'on donne généralement du *tempéré* nous paraît aussi vague et aussi inexacte que celle qu'on donne de l'amorphe. C'est celui, nous dit-on, chez lequel la sensibilité, l'activité, l'intelligence sont associées en proportions équivalentes et se font équilibre. Ici encore il y a confusion, et cette confusion est aggravée par le fait qu'on introduit ainsi dans la définition l'élément intellectuel.

On peut se faire une idée à peu près exacte de ce qu'est le tempéré en se rappelant ce que nous avons dit de l'émotionnel-passionné. Chez ce dernier, en effet, les systèmes sensitif et moteur agissent l'un sur l'autre et, parce qu'ils n'ont pas de contre-poids, s'entraînent mutuellement. Au développement parallèle de ces deux systèmes, ajoutons un développement équivalent du pouvoir d'inhibition : et nous aurons le tempéré. D'une façon générale le tempéré est celui chez lequel *les systèmes sensitif et moteur et le pouvoir d'inhibition s'équilibrent*. Le tempéré nous apparaîtrait donc comme une sorte de combinaison de l'émotionnel-passionné et de l'apathique.

On voit par là en quoi le tempéré se distingue de ce dernier. A l'inverse de celui-ci il possède une sensibilité, non pas seulement imaginative, mais réelle. Mérimée et Xavier de Maistre, dont nous avons parlé à propos du pouvoir d'inhibition, n'étaient pas des apathiques, mais des tempérés.

Sans cesser de se faire équilibre, la sensibilité, et, avec elle, le pouvoir moteur et le pouvoir d'inhibition peuvent s'élever de la moyenne aux degrés les plus élevés. Par en bas, le tempéré confine à l'amorphe. Il est vrai que l'amorphe n'a ni sensibilité ni volonté, tandis que le tempéré possède l'une et l'autre ; mais, comme chez lui l'émotion et la passion peuvent passer par tous les degrés et qu'elles sont, en tous cas, tenues en respect par un pouvoir d'inhibition équivalent, il s'ensuit que l'apparence extérieure et même la physionomie morale du tempéré ressemblent parfois singulièrement à celles de l'amorphe. C'est, sans doute, la raison pour laquelle M. Ribot n'admet qu'avec peine les tempérés dans sa classification, et pour laquelle aussi il se demande « si leur initiative ne vient pas plutôt des circons-

» tances que d'eux-mêmes et si leur personnalité n'est pas
» surtout une adaptation. »

Nous trouvons, pour notre part, qu'entre le caractère amorphe et le caractère tempéré, même à son plus bas degré,
la différence est grande. Le tempéré, comme l'amorphe,
s'adapte, il est vrai, aux circonstances; mais peut-on dire que,
de part et d'autre, la manière de s'y adapter soit la même?

Et il n'y a pas seulement là, nous semble-t-il, une question
de mots. Les mots ici répondent à des faits, et nous permettent
de délimiter très nettement la classe dont nous nous occupons. Comme tous les autres, le type que nous appelons
tempéré réagit selon sa nature, et cette nature est essentiellement équilibre. Peut-on dire, s'il en est ainsi, que le tempéré,
comme cela est vrai de l'amorphe, soit modelé par ses entours;
et, même alors que sa sensibilité, qui peut, comme nous
l'avons vu, s'élever très haut, répondra avec le plus de force
aux sollicitations extérieures : même dans ce cas, sous prétexte que la réaction est toujours chez lui logique et
pondérée, pourra-t-on dire que sa manière d'agir soit simplement un produit des événements?

Le groupe des tempérés est donc tout-à-fait distinct de
celui des amorphes ; et, à mesure que l'individu occupe dans
ce groupe un rang plus élevé, la distinction apparaît de plus
en plus nette. Ce caractère manque, dit-on, de relief. Cela
n'est vrai que des formes inférieures de ce type. Sa physionomie ne sera évidemment ni celle du passionné, ni celle de
l'émotionnel ou de l'émotionnel-passionné. Il n'en aura pas
moins, nous semble-t-il, sa marque bien à lui ; et si l'on
suppose, ce qui peut être, que chez lui l'émotion et la passion
soient très puissantes, il se détachera en plein relief de tous
les autres groupes.

Pourquoi avons-nous appelé *tempéré*, et non *équilibré*, le
type que nous décrivons? — Il nous a paru que ce dernier
terme pourrait prêter à équivoque. Dans presque tous les
genres, en effet, il peut y avoir des équilibrés, et nous avons

pris la peine, lorsque besoin était, sans peut-être leur donner leur nom, de les distinguer des instables. C'est ainsi, par exemple, que nous avons distingué des stables et des instables dans le genre des émotionnels et dans celui des passionnés. De même surtout l'apathique nous est apparu comme un équilibré. Mais l'équilibre, chez ces divers types, est cependant accompagné de la prédominance exclusive de l'un des différents systèmes qui constituent l'individu. Or chez le tempéré, peut-on dire, ce ne sont pas seulement les diverses tendances, mais ce sont les divers systèmes de tendances qui se font équilibre. L'émotion, la passion, le pouvoir d'inhibition sont chez lui en parfait accord. Ces trois systèmes, si l'on peut ainsi parler, se *tempèrent*, se combinent et donnent comme composé le total le plus harmonieux. Ce qui donne à l'individu son unité, ce n'est plus tel groupe de tendances qui parvient à dominer les autres, c'est cette fois l'union intime, c'est l'accord de toutes les tendances. Le terme que nous avons choisi nous paraît donc exprimer plus exactement cet accord ; et il nous permettra, en outre, de distinguer le tempéré d'individus appartenant à des groupes différents, et qui pourront lui ressembler beaucoup.

III. — Étant donné ce que nous venons de dire du tempéré, il est facile d'en déduire ce que sera le mode de sa volonté. Il a de la volonté certes, et même une volonté persévérante, car il possède le pouvoir d'inhibition. Ce pouvoir, cependant, ne domine pas chez lui au même degré qu'il domine chez l'apathique. Aussi le tempéré sera-t-il, dans une certaine mesure, gouverné par les événements. Darwin, par exemple, qui est, nous semble-t-il, un représentant assez fidèle de ce genre, Darwin, qui ne s'était révélé jusque-là que par un goût prononcé pour les collections, et à qui la géologie et la zoologie paraissaient extrêmement ennuyeuses quand il les étudiait à l'Université d'Édimbourg, Darwin aurait vécu sans doute d'une vie assez effacée, si l'occasion ne s'était pré-

sentée à lui, le 27 décembre 1831, d'effectuer à bord du *Beagle*
un long voyage en Amérique. C'est de la même manière que
Buffon, qui n'avait jusque-là manifesté de goût que pour les
sciences mathématiques, ne songea à l'histoire naturelle que
lorsqu'il eut été nommé, en 1739, « Intendant du jardin du
roi. »

Quant à la sensibilité, ce qu'elle a de commun chez tous
les individus qui appartiennent à ce genre, c'est que le pouvoir d'inhibition l'accompagne, la contient, l'empêche de
devenir en eux prédominante. Aussi le tempéré est-il, comme
l'apathique lui-même, exempt de trouble. L'inquiétude per-
pétuelle dans laquelle vivent la plupart des hommes, est
quelque chose qu'il a de la peine à comprendre. Ce que l'on
remarque surtout en lui, c'est une sérénité constante d'esprit
et d'âme. Sa vie est simple, ordonnée, régulière, et il trouve
en lui-même le bonheur.] « Je m'éveille le matin, dit Montes-
» quieu, avec une joie secrète de voir la lumière ; je vois la
» lumière avec une espèce de ravissement, et tout le reste du
» jour je suis content. »

Chez le tempéré, comme chez les autres types, la nature
de la sensibilité détermine la nature de l'intelligence. Malgré
toutes les différences et les variétés qu'elle pourra présenter,
elle sera donc, avant tout, méthodique et réglée. L'équilibre,
comme le remarque M. Paulhan, peut d'ailleurs se rencontrer dans la médiocrité, aussi bien que dans le génie. « Man-
» ger, boire, dormir, dit ce philosophe [1], voir quelques amis,
» faire une promenade ou jouer aux dominos, peuvent être
» les seules préoccupations de l'existence. Ces diverses ten-
» dances ont ou finissent par avoir chacune leur place
» acquise dans la vie et continuent régulièrement à l'oc-
» cuper. » Le type tempéré est donc beaucoup plus répandu
qu'on ne le pense. « Nous connaissons tous, dit encore
» M. Paulhan, des personnes qui, sans nous plaire par

---

[1] Paulhan. *Les Caractères*, chap. prem., § I, *Les Equilibrés.*

» aucune qualité du cœur ou de l'intelligence, nous charment
» cependant par la grâce de leur vie, par la fraîcheur, par
» l'harmonie de leurs idées, peut-être parfois un peu courtes
» et assez peu nombreuses, et de leurs sentiments lorsqu'ils
» sont bons, mais sans grandeur particulière, surtout lors-
» que l'harmonie physique et la grâce du corps viennent
» se joindre à l'harmonie morale et à la grâce de l'esprit. »

Mais on peut aussi rencontrer dans ce genre des intelligences d'un ordre beaucoup plus élevé, voire même des
hommes de génie. Descartes, par exemple, fut dans toute la
force du terme un tempéré. Chez les Jésuites de *La Flèche*,
c'était un bon élève, consciencieux, appliqué à tous ses
devoirs. Plus tard il aime mieux brûler le manuscrit de son
Traité du Monde; que de courir le risque de se brouiller avec
l'Église catholique. Malgré les hardiesses de sa pensée et ses
nombreux voyages à travers l'Europe, parmi les dangers et
les fatigues de la guerre, et bien qu'il ait été un homme
d'action en même temps qu'un homme de pensée, on retrouve
cependant dans son œuvre l'homme qui, « sans aucun soin ni
» passions qui le troublassent », était capable de demeurer
tout le jour enfermé dans son *poêle*, de dérouler, au milieu
des bivouacs, la longue chaîne de ses déductions.

La volonté, la sensibilité, l'intelligence du tempéré
possèdent donc des caractères propres. Mais peut-être le
tempéré paraît-il moins vivant que la plupart des types
précédemment énumérés. C'est que la vie, en effet, comme
nous l'avons dit, c'est la contradiction, c'est la lutte. Aussi
partout où la lutte, partout où la contradiction éclate, la vie
apparaît-elle très intense. A mesure que l'unité se fait, la
lutte, la contradiction apparaît moins. Les caractères trop
unifiés, du point de vue de l'esthétique, manquent d'intérêt.
Ce qui nous intéresse, soit dans un roman, soit au théâtre, ce
sont les mouvements du cœur humain. Et c'est là ce qui peut
consoler les Alcestes : s'il n'y avait dans le monde que des
gens sages, outre que toute occasion leur serait enlevée

d'exhaler leur mauvaise humeur, la vie serait bien ennuyeuse.

IV. — Le naturaliste qui classe les êtres ne peut les observer que du dehors. Nous avons eu cet avantage de pouvoir observer les caractères du dedans et, pour ainsi dire, de surprendre la nature à l'œuvre. Nous avons vu comment, suivant un plan très simple et suivant une loi constante, elle en arrive à distinguer, à différencier les espèces. La grande loi qu'elle applique constamment est la la loi du rythme. C'est ainsi qu'elle commence par distinguer en nous les systèmes *sensitif* et *moteur*, qu'elle oppose ensuite l'un à l'autre. Issus d'une même origine, ces deux systèmes luttent l'un contre l'autre, acquièrent un degré d'énergie plus ou moins élevé et, dans les natures les plus harmonieusement organisées, s'équilibrent. Or la différenciation des caractères n'est pas autre chose que l'expression de l'apparition, du développement, de la lutte, de l'accord de ces deux systèmes. Aussi la première expression du caractère est-elle le *tempérament*, qui est, comme nous l'avons vu, la manifestation du degré d'énergie des nerfs sensitifs et moteurs.

Psychologiquement, l'antagonisme des deux systèmes se traduit par celui de l'*émotion* et de la *passion*; et l'histoire des caractères n'est pas autre chose que celle de l'apparition, du développement, de la lutte, de l'accord de l'une et de l'autre.

Or, tous les tempéraments ne sont pas également aptes à produire l'émotion et la passion. Certains même ne peuvent en aucune façon les produire, et c'est là précisément leur marque.

Chez les *amorphes*, par exemple, on ne trouve ni passions ni émotions; et le ton du système nerveux est chez eux tellement peu élevé qu'ils n'éprouvent même pas de sensations un peu intenses.

L'*affectif*, qui correspond au tempérament sanguin, n'est pas davantage susceptible de passion et d'émotion; mais il est capable d'éprouver en revanche des sensations, même très vives. C'est chez l'*émotionnel* qu'apparaît l'émotion, et chez le *passionné* la passion.

Chez l'*apathique*, nouvelle absence de passion et d'émotion ; pas non plus de sensations très fortes ; mais, par suite de l'absence même de sensibilité, pouvoir d'arrêt développé.

Chez l'*affectif-passionné*, pas d'émotion ; mais de la passion, qui prend un caractère spécial parce qu'elle se trouve en lui unie à la sensation.

Chez l'*émotionnel-passionné*, de la passion et de l'émotion, qui s'engendrent réciproquement et forment par leur combinaison un composé très curieux.

Enfin, chez le *tempéré*, de la passion, de l'émotion ; mais aussi un pouvoir d'arrêt très développé, qui tient en bride les excès possibles de l'une et de l'autre.

Dans l'énumération qui précède, il semble que nous ayons fait intervenir un nouvel élément, la *sensation*, et que nous n'ayons pas tenu compte uniquement de la passion et de l'émotion. Mais, sans la sensation, nous l'avons vu, l'émotion ne peut pas se produire : car celle-ci n'est pas autre chose qu'une commotion, qui se produit en nous à la suite d'une impression, et lorsque notre sensibilité est non seulement vive, mais profonde. En faisant appel à la sensation, nous ne sortons donc pas, pour ainsi dire, du domaine de l'émotion ; ou, tout au moins, nous sommes sur la limite après laquelle la sensibilité elle-même disparaît.

On pourrait de même objecter que l'apathique, qui est en grande partie caractérisé par l'absence de sensibilité, ne se trouve pas très nettement distingué de l'amorphe. Mais le pouvoir moteur peut s'exprimer de deux manières : d'une façon positive, et d'une façon en quelque sorte négative. En d'autres termes, il peut produire des mouvements ou en arrêter. Or, ce second mode, le pouvoir d'inhibition, n'est pas moins positif que le premier ; et c'est même lui qui constitue essentiellement la volonté. La prédominance du pouvoir volontaire, sinon toujours de la volonté proprement dite, voilà donc ce qui caractérise surtout l'apathique tel que nous l'entendons.

On voit par là que, bien que dépourvu de passion, l'apathique est pourtant un actif ; de même que l'affectif est un sensitif, bien qu'il soit dépourvu d'émotion. Le système moteur s'est seulement posé chez l'apathique en antagonisme avec la passion elle-même ; de même que le système sensitif, chez l'affectif, entre en lutte avec l'émotion. Et cela n'a rien qui doive nous surprendre, si nous nous rappelons que les vibrations nerveuses s'opposent en intensité et en durée chez l'affectif et chez l'émotionnel d'une part, chez le passionné et chez l'apathique de l'autre.

Ces différences dans les tempéraments et les caractères nous apparaissent donc comme très nettes. La présence ou l'absence des pouvoirs sensitif et moteur, joints à la présence ou à l'absence de la passion et de l'émotion, amènent après elles dans la volonté, la sensibilité, l'intelligence des individus appartenant à ces catégories, des différences radicales.

Qu'il nous soit permis de résumer dans un tableau notre classification des caractères, comme nous l'avons fait pour celles des tempéraments :

AMORPHES . . .	*amorphe.*		
SENSITIFS . . .	{ *affectif.*		
	{ *émotionnel.*	{ instable.	
		{ stable.	
ACTIFS.	{ *passionné*	{ instable.	
		{ stable.	
	{ *apathique*	{ faible.	
		{ fort.	
SENSITIFS-ACTIFS	{ *affectif-passionné.*		
	{ *émotionnel-passionné.*		
TEMPÉRÉS . . .	*tempéré.*		

CHAPITRE IX

La Classification

I. — En ramenant, comme nous l'avons fait, à quelques groupes l'immense diversité des caractères, nous n'avons nullement prétendu que toutes les déterminations particulières pussent se déduire, pour chaque individu et dans chaque groupe, d'une formule unique. Une classification qui prétendrait enserrer dans ses mailles la réalité, de telle sorte que l'individu fût par elle complètement déterminé *a priori* avant qu'on l'eût observé en lui-même, serait par là-même condamnée. Une classification vraiment naturelle doit pouvoir laisser un libre cours au déploiement des sous-groupes, des variétés et des individus. Les combinaisons que la nature peut fournir sont en nombre infini, et personne ne peut les prévoir. Les cadres que nous présentons sont, comme dans toute classification, des cadres vides ; et ces cadres, il faudra ensuite les remplir. Pour que soit justifiée notre classification, il suffit que les caractères que nous signalons soient bien les caractères les plus généraux auxquels se rattachent les caractères particuliers qui distinguent les individus. Peut-être sera-t-il possible de distinguer dans la suite des sous-groupes ; mais l'entreprise, pour le moment, paraît prématurée. De même que, en botanique ou en zoologie, une fois établie la classification générale, il reste à étudier les variétés que l'on rencontre, et qu'une telle étude reste toujours ouverte à l'observation : de même aussi, dans la science des caractères, le domaine des recherches s'étendra chaque jour, à mesure que l'on se rapprochera davantage du particulier et du concret. Ainsi donc ce que nous pouvons dès à présent déterminer, c'est seulement la forme générale que la volonté, la sensibilité, l'intelligence revêtent chez les différents types ; mais cette forme générale n'est nullement un obstacle à la manifestation d'un grand nombre de variétés différentes.

La méthode que nous avons employée est la méthode *déductive*. N'aurions-nous pas dû, au contraire, suivre la marche inverse et partir de l'observation ? Nous ne pouvons mieux faire, pour répondre à cette question, que d'en appeler à Stuart Mill. La science des caractères, en effet, suivant ce philosophe, suppose une science antérieure, la psychologie expérimentale, qui, s'appuyant sur l'observation, étudie pour son propre compte la partie universelle ou abstraite de la nature humaine. Celle-ci détermine de cette manière des lois générales ; et le but que doit se proposer la science des caractères est de montrer comment ces lois générales, par leurs combinaisons, leurs croisements, produisent tel type, telle variété nationale ou individuelle. Aussi Stuart Mill ajoute-t-il [1] que « la méthode déductive, partant des lois » générales et vérifiant les conséquences par des expériences » spécifiques est la seule applicable. »

Or, n'est-ce pas cette méthode même que nous avons constamment appliquée ? Les lois dont nous sommes partis ne sont-elles pas les lois les plus générales de la science psychologique ; n'avons-nous pas essayé de montrer comment ces lois se combinaient pour former différentes espèces de nos facultés affectives et représentatives, et, cela fait, n'avons-nous pas enfin, au moyen d'exemples nombreux, vérifié les conséquences que nous avions tirées par voie déductive de ces lois ?

[1] Stuart Mill. *Système de logique déductive et inductive*, traduct. de L. Peisse, tome II, livre VI, chap. V. (Alcan.)

C'est ainsi que l'on parvient, selon Stuart Mill, à déterminer les lois réelles du caractère et non pas de simples généralisations, à la condition cependant que ces lois soient considérées comme purement *hypothétiques*, c'est-à-dire comme affirmant non des *faits*, mais seulement des *tendances*.

Or, n'est-ce pas encore ce que nous avons nous-même déclaré, et ne venons-nous pas précisément d'insister sur ce fait que le tempérament explique non l'individu, mais seulement le mode, la direction générale de ses sentiments, de ses pensées ?

Le tempérament n'explique donc pas tout, il s'en faut, dans la personne humaine. Si du seul tempérament il était possible de déduire l'individu, il y aurait de l'humanité cinq ou six exemplaires qui se répèteraient à l'infini. Il s'agit pourtant de savoir si, quelque grande qu'elle soit, la diversité des êtres humains ne peut pas se résoudre en quelques classes générales. Or, dans chacune des classes que nous avons distinguées, les individus se ressemblent plus les uns aux autres qu'ils ne ressemblent à ceux des autres groupes.

Il pourrait se faire, cependant, que les caractères signalés par nous fussent les plus apparents, les plus visibles, sans être les plus importants. Mais nous savons qu'un caractère peut être appelé véritablement *dominateur* lorsque, sans entraîner nécessairement tel caractère subordonné, il entraîne du moins tel ou tel caractère subordonné parmi un nombre déterminé de caractères. Les caractères que nous avons signalés remplissent-ils cette condition ?

Tel tempérament, avons-nous dit, tel mode de réaction sensitive ; et tel mode de réaction sensitive, tel mode de pensée. Le tempérament, en d'autres termes, détermine d'une façon générale la nature de la sensibilité qui, à son tour, détermine d'une façon analogue la nature de l'intelligence. Ou encore : étant donné le tempérament, la sensibilité n'a plus le choix qu'entre un nombre déterminé de formes ; étant donnée la sensibilité, l'intelligence n'a plus le choix qu'entre un nombre déterminé de formes. Les caractères dont nous dérivons tous les autres sont donc bien des caractères *essentiels* et *fondamentaux* et non des caractères *secondaires*.

Les cadres que nous avons tracés, comme on le voit, sont très nettement délimités. Mais, même dans les limites de ces cadres, peuvent se produire des variétés très nombreuses : car, non seulement chacune de nos facultés peut revêtir, sans cesser d'appartenir au même groupe, des formes différentes ; mais elles peuvent, en s'entrecroisant, se combinant de mille manières, et par suite de leur connexion et de leur action réciproque, former des composés extrêmement complexes et divers.

Cette variété, cette complexité des individus apparaissent de façon plus évidente encore, si l'on considère nos facultés, non plus seulement dans leur forme et leur intensité, mais aussi dans leur fond et dans leur contenu. La sensibilité de chacun contient, en effet, tout au moins en puissance, tels sentiments déterminés et non pas d'autres; et son intelligence, telles images ou telles idées determinées et non pas d'autres. L'individu nous apparaît donc comme le point de rencontre de mille traits différents qui se trouvent réunis en lui et concentrés, et c'est ainsi que la nature, toujours diverse et toujours semblable à elle-même, déploie sa richesse infinie.

Pour appartenir à un groupe, il suffit donc d'en posséder les caractères généraux. Mais la difficulté commence quand il s'agit de discerner les caractères dominants de l'individu. Il est certes des cas bien tranchés et où ces caractères peuvent aisément se démêler ; mais il arrive aussi que ces caractères généraux soient tellement confondus avec les caractères particuliers que l'on éprouve une grande peine à les dégager. C'est presque autant, dans bien des cas, une affaire de discernement, qu'une affaire d'observation scientifique. Il y a une multitude d'individus qui, tout en paraissant se rattacher à plusieurs genres, ne se rattachent nettement à aucun. Beaucoup se trouvent sur la limite qui sépare une espèce d'une

autre, et la nature semble se jouer bien souvent de nos distinctions trop arrêtées. Les différentes catégories de caractères
se rattachent en effet les unes aux autres par des transitions
insensibles. Il s'ensuit qu'une classification ne peut pas être
l'expression adéquate de la réalité, qu'elle n'en est jamais
qu'une approximation et, si l'on veut, une sorte de projection.
Tout ce que l'on peut lui demander, c'est donc de reproduire,
d'une façon suffisamment exacte, le plan que la nature dans
sa fécondité dissimule sous l'immense variété des êtres; et,
s'il n'est pas toujours facile de rattacher l'individu à son
groupe, cela prouve simplement la faiblesse de notre conception, mais n'infirme en rien les principes.

II. — La matière sur laquelle s'exercent nos facultés
représentatives et affectives nous vient des sens, et cette
matière reçoit de la conformation de nos organes une première détermination ; mais la note caractéristique qui distingue nos impressions particulières de celles de tout autre,
c'est le système nerveux qui la fournit. Par suite, nos organes
internes dans lesquels plonge le système nerveux et avec
lesquels il est en relation constante, ont une bien autre
importance dans la constitution du caractère.

Or, ce qui est vrai des organes externes n'est pas moins
vrai de ces derniers. Chacun d'eux apporte sa contribution
personnelle à la conscience générale que nous prenons de
notre organisme et de nous-mêmes, mais aucun d'eux ne
peut prendre une prépondérance si marquée que l'on puisse
dire que la tonalité générale de notre sensibilité vienne de
lui seul, à l'exclusion de tous les autres. Considéré isolément,
chacun de nos organes internes ne fait donc que déterminer
de façon plus particulière notre sensibilité générale.

Le cerveau lui-même, en tant qu'organe de la pensée, ne
jouit pas d'une prérogative spéciale ; et nos facultés intellectuelles, prises chacune à part ou toutes réunies, ne peuvent
qu'apporter des modifications particulières à notre sensibilité

une fois donnée, ainsi qu'à la conscience que nous en prenons. L'apparence extérieure d'une personne n'est certes pas une partie de son caractère : elle est pourtant pour quelque chose dans l'idée que nous nous en faisons. Or cette apparence, et l'idée qu'elle produit en nous, agissent également sur la personne ; mais, ici encore, c'est son mode spécial de sensibilité qui réagit. Et il en est de même pour toutes nos qualités et pour tous nos défauts, de l'esprit aussi bien que du corps.

Si de ce qui fait partie de la personne nous passons aux événements extérieurs, nous voyons encore fonctionner ce même mode de réaction. Il faut considérer d'abord, en effet, que ces événements ne font impression sur nous que par l'intermédiaire de nos sens, et que, par suite, ce qui s'applique aux uns s'applique également aux autres. On objectera peut-être que les amorphes, tout au moins, ne sont que ce que le hasard, que ce que les circonstances les ont faits. A quoi nous répondrons que précisément cet excès de plasticité qui est leur marque, c'est bien de leur tempérament, eux aussi, qu'ils le tiennent, et non pas du milieu.

Mais, pour se bien convaincre que ce ne sont pas les circonstances qui font l'homme, il suffit de considérer combien un même événement, suivant les sensibilités auxquelles il s'adresse, peut produire d'effets différents. Les stoïciens, qui se proposaient d'extirper de la nature humaine toute émotion, toute passion, l'avaient remarqué. « Si tu vois un » homme dans le chagrin qui pleure la mort de son fils ou la » perte de sa fortune, prends garde d'être la dupe de ton » imagination et d'attribuer le malheur de cet homme à des » événements extérieurs. Dis-toi bien vite : ce qui le trouble, » ce n'est pas la chose en elle-même, car un autre n'en serait » pas troublé, mais bien l'opinion qu'il a d'elle. » C'est en ces termes que s'exprime Epictète [1], accordant qu'il faut

[1] Epictète. *Manuel*, XVI.

parfois compatir aux maux d'autrui, mais en paroles seulement. Pour qui, en effet, le considère avec le seul regard de
l'intelligence, un événement, quel qu'il soit, n'est ni heureux
ni malheureux : il est dans l'ordre. En privant l'individu de
toute sensibilité, la maladie réalise parfois dans la pratique
l'idéal du sage, tel que les stoïciens le concevaient. Mais
combien l'attitude des individus normaux, c'est-à-dire qui
possèdent la sensibilité, ne diffère-t-elle pas de celle-là !
N'est-ce pas la sensibilité, en effet, qui nous fait joyeux ou
tristes, braves ou lâches, courageux ou efféminés. N'est-ce
pas elle qui fait que l'infortune nous accable ou au contraire
nous redresse ? N'est-ce pas elle enfin qui nous permet de
prendre en patience nos misères, ou produit en nous la
révolte ?

   Si donc les circonstances façonnent jusqu'à un certain
point l'individu, ce n'est pourtant, comme nous le disions au
début de ce travail, que dans la mesure où elles fournissent
aux tendances qui sont en lui l'occasion de se développer.
Tel est aigri par le chagrin ou la douleur, là où un autre eût
conservé sa joie et sa sérénité. Il en est qui subissent passive-
ment les accidents de la fortune, et d'autres qui se les accom-
modent. La *fatalité* antique, considérée du moins comme
extérieure à l'homme, est un vain mot. Il ne faut pas considérer les circonstances comme quelque chose de tout fait et
qui s'impose à nous. Si celles-ci façonnent l'homme, dans une
certaine mesure il les modifie aussi et les façonne. Au sens
étymologique du mot les circonstances sont *ce qui nous
entoure*; mais ce qui nous entoure n'est pas indépendant de
nous. Entre l'homme et son milieu se produit un échange
incessant d'actions et de réactions, et c'est nous-mêmes qui,
dans une certaine mesure tout au moins, tissons la trame des
événements qui nous assiègent.

   III. — « Les appréciations que chacun porte sur la nature
» d'autrui, dit M. Paulhan au début de son livre sur *les*

» *Caractères*, nous signalent des manières d'être qui ne sont
» ni semblables ni opposées, mais qui nous montrent un
» même individu considéré sous des aspects différents et
» nullement comparables.» C'est ainsi, ajoute-t-il, qu'on dira
d'une personne qu'elle est *incohérente* ou *capricieuse*, d'une
autre qu'elle est *gourmande*, d'une troisième qu'elle est *vive*
ou *molle*, d'une quatrième qu'elle est *susceptible*. Et il voit
là non pas seulement quatre jugements différents, mais quatre
modes différents d'indiquer un caractère et de l'apprécier.

La remarque est très judicieuse ; mais faut-il en conclure
avec M. Paulhan, qu'il y ait, pour ainsi dire, plusieurs individus dans le même homme ; et faut-il en conséquence distinguer quatre séries de types, plusieurs types d'une même
série pouvant s'associer ensemble, et chacun des types d'une
série pouvant se combiner avec un grand nombre de types de
l'autre ? En supposant que l'on découvre de telles combinaisons, comment espérer de cette manière en donner la raison ?
N'est-ce pas se condamner à la constatation pure et simple
des faits, et s'interdire de les ramener à des lois ?

Notre classification présente, selon nous, cet avantage de
nous permettre d'expliquer chacun des différents aspects sous
lesquels s'offre l'individu. Non seulement nous savons que
tous les types ne peuvent pas se rencontrer dans le même
homme, mais nous savons de plus pourquoi ils ne peuvent
pas s'y rencontrer. Etant donné l'individu, il ne peut se
produire entre ses diverses tendances qu'un nombre, très
grand, sans doute, mais néanmoins déterminé de combinaisons ; et le nombre de ces combinaisons est fixé non seulement par la nature particulière de l'individu, mais encore par
ses tendances générales. « La rencontre des divers éléments
» qui constituent l'individu, dit M. Malapert [1], est-elle pure-
» ment fortuite ? Pourrait-il se faire aussi bien que la nature
» sensible de l'un se trouvât associée à la nature intellec-

[1] Malapert. *Les Éléments du caractère.* Deuxième partie, chap. Ier.

» tuelle ou active de l'autre ? Ces traits ne se tiennent-ils
» pas au contraire par quelque lien constant ? N'est-il pas
» vrai qu'ils ne sauraient se combiner au hasard, que ceux-ci
» ont une tendance à aller ensemble, ceux-là une sorte de
» répugnance invincible à s'unir ? Il semble évident *a priori*
» et l'expérience démontre surabondamment que toutes les
» combinaisons ne sont pas également possibles, qu'il y a
» des liaisons, sinon nécessaires, du moins relativement
» constantes, que tels éléments sont presque toujours donnés
» en même temps, tels autres très rarement, ces derniers
» presque jamais. C'est ainsi qu'il peut y avoir une science
» des caractères, parce qu'il doit exister des lois de coexistence
» et des lois d'exclusion. » Or, ce sont précisément ces lois
que nous avons essayé de dégager.

Etant donné un individu, nous pouvons donc, non seulement noter les différents traits de son caractère et dresser
pour ainsi dire son signalement moral ; mais nous pouvons
de plus indiquer de quelle manière, et pour quelles causes,
les tendances générales qui le constituent se sont ainsi parti-
cularisées. Savoir d'un homme quelles sont ses tendances
générales, c'est en savoir quelque chose sans doute, et de très
important; ce n'est pas néanmoins le connaître. Il faut, de plus,
que nous sachions de quelle façon particulière le tempérament général s'individualise dans cet homme; et ici sera de
mise évidemment une observation très délicate.

Le sentiment que nous avons de nous-même, de notre
corps, de toutes nos fonctions vitales est très vif; mais il est
aussi, de par sa nature, très confus. Or ce sentiment, qui est,
pour ainsi dire, le substratum de tout l'édifice mental, nous
révèle notre tempérament, avec les modifications particulières
qu'il revêt en chacun de nous; et l'on pourrait dire, en un sens,
que le caractère repose moins sur le tempérament, que sur la
conscience que nous en prenons. En d'autres termes, le
sentiment fondamental de l'existence est le dernier fond
psychologique sur lequel repose le caractère, et l'intermé-

diaire obligé qui le relie au tempérament physiologique.

Que nous révèle ce sentiment ? Il ne nous fait pas connaître seulement notre manière générale de sentir ; mais il nous fait connaître aussi les états particuliers dans lesquels ce mode d'être affecté se réalise. En un mot, nous ne connaissons pas seulement la forme générale de notre sensibilité : nous en connaissons la matière. Ce tempérament dont nous prenons conscience, pour employer les termes de la scolastique, n'est pas un tempérament *en puissance* : c'est un tempérament *en acte*. Nous le sentons en nous, non pas abstrait, mais véritablement concret et agissant. Ce que nous saisissons par la conscience, c'est un être, qui a de l'unité sans doute, mais qui n'en est pas moins un composé d'états multiples, présentant seulement une certaine analogie entre eux, une certaine teinte générale, la même pour tous les états.

Comme on le voit, la sensibilité générale se particularise en chaque individu : lui-même en a le sentiment ; mais, comme ce sentiment est confus, c'est pourquoi il ne se connaît pas. « L'origine de notre caractère, dit M. Fouillée [1], est à des » profondeurs que la réflexion n'atteint pas. »

Si nous ne pouvons nous connaître nous-mêmes, comment donc pourrons-nous avoir la prétention de connaître les autres ? Dans une certaine mesure cela se peut. La preuve que nous le pouvons, c'est que nous jugeons constamment nos semblables, d'une façon il est vrai bien empirique. Cet homme, disons-nous, est *avare* ; ou bien : cet homme est *emporté* ; ou bien : cet homme est *libertin*. Et voilà un homme classé, étiqueté, catalogué ; et nous croyons parfaitement bien le connaître : en réalité nous ne connaissons que l'apparence.

Cette manière de juger les autres n'est pourtant pas tout-à-fait fausse : elle est seulement incomplète, et par cela même, comme nous le disions, empirique. *Avare, emporté, libertin* sont autant de dénominations très générales qui peuvent.

---

[1] Fouillée. *Tempérament et Caractère*. Préface.

convenir également à des individus appartenant à des groupes
divers. Pour connaître véritablement un homme, il faut
voir quelle est la nuance particulière que revêt chez lui la
qualité ou le défaut, la vertu ou le vice qu'on lui attribue:
c'est-à-dire qu'il faut connaître les tendances qui en lui se
combinent pour produire telle vertu ou tel vice, tel défaut ou
telle qualité. Or, la classification naturelle permet à celui
qui est parvenu à ranger dans sa classe l'individu, de montrer comment, et par suite de quelles circonstances, les
tendances générales qui le constituent se sont coordonnées,
groupées, fixées, de manière à donner tel composé dont l'existence lui a été révélée par l'observation. En fait, par une sorte
d'instinct naturel, ou plutôt par suite de ce sentiment vague
et confus que nous avons de ce qui se passe en nous-mêmes,
c'est bien cette voie que nous suivons lorsque nous voulons
pénétrer dans la conscience d'autrui et nous rendre compte,
suivant l'expression consacrée, des mobiles qui le font agir :
car, sous les mobiles, qui ne sont eux-mêmes qu'une apparence, ce sont bien les tendances, c'est-à-dire la sensibilité,
c'est-à-dire l'homme lui-même que nous cherchons.

La classification naturelle nous permet donc de nous
rendre compte des déterminations particulières que peut
recevoir dans l'individu le tempérament général, si diverses
d'ailleurs, si variées qu'on les suppose. Il n'est pas jusqu'à la
vitesse, la *lenteur*, l'*énergie intense* des mouvements, cette
marque extérieure des caractères dont M. Pérez faisait la
base de sa classification, que ne puisse expliquer soit la
vitesse, soit la lenteur des vibrations nerveuses des systèmes
sensitif et moteur.

Mais, là où l'importance de la classification apparaît surtout, c'est quand on considère, non plus les *mouvements*,
mais les *tendances*. Soit par exemple ceux qu'on appelle les
équilibrés. Nous avons vu précédemment qu'il ne fallait pas
les confondre avec les tempérés, quoique ceux-ci fussent
d'ailleurs au suprême degré unifiés. Nous avons remarqué,

en effet, que l'équilibre des tendances pouvait se produire
aussi, quoique d'une manière différente, chez les émotionnels,
les passionnés, les apathiques. Il importe donc de savoir, non-
seulement si un caractère est unifié, mais aussi de quelle
manière, dans quel sens il est unifié. Et il en est de même de
ceux qu'on appelle les maîtres de soi, les réfléchis. Si les
tempérés sont maîtres d'eux-mêmes, les apathiques le sont
aussi, les passionnés peuvent le devenir, et même, quoique
dans une mesure beaucoup moindre, les émotionnels. Ici
encore, par conséquent, il importe au plus haut point de
savoir quelles sont les tendances qui dans l'individu s'associent pour le rendre maître de lui-même. Et nous pourrions
faire un raisonnement analogue en ce qui concerne les
impulsifs, les incohérents, les faibles, les distraits, les
étourdis, les légers, qui peuvent se rencontrer aussi dans des
catégories très-différentes.

De même les dénominations d'entreprenants, d'audacieux,
de volontaires, d'obstinés, de constants, de faibles, de chan-
geants, de souples, de doux, de vifs, d'impressionnables, de
froids, de mous, toutes ces dénominations, disons-nous, sont
trop générales : elles ne nous montrent pour ainsi dire l'indi
vidu que du dehors, et comme le caractère est ce qu'il y a en
nous de plus intime, elles ne nous donnent que des indications superficielles, peu précises sur sa nature propre.

Or notre classification ne détermine pas seulement la force
des tendances, leur mode d'association, mais elle détermine
leur forme, leur direction générale. Sans doute nous ne
pouvons déterminer *a priori* les tendances particulières de
chacun ; mais, étant données ces tendances et étant donné leur
objet, nous pouvons rendre compte à la fois de celles-là et de
celui-ci. Si tel individu est gourmand, tel autre voluptueux,
tel autre avare, tel autre ambitieux, nous ne sommes plus
obligés de nous borner à constater des faits, mais nous
pouvons de plus en rendre compte. Gourmand, voluptueux,
avare, ambitieux sont des termes qui peuvent s'appliquer à

un nombre indéterminé d'individus d'espèces différentes. En faisant rentrer l'individu dans sa classe nous le déterminons de façon plus particulière. Nous reportant ensuite aux lois qui régissent le mécanisme des tendances, et y joignant l'observation directe de l'individu, nous pouvons parvenir à tracer de sa physionomie morale une image, encore approximative sans doute, mais qui permet néanmoins de le distinguer, à la fois des individus qui appartiennent au même groupe, et de ceux qui, bien qu'appartenant à d'autres groupes, peuvent pourtant avoir avec lui certains caractères communs. Molière a peint en traits saisissants et d'une éternelle vérité l'*avare*, l'*hypocrite*, le *libertin*. Pense-t-on cependant que, au lieu d'étudier par exemple l'hypocrisie en général, si l'on se demandait quelle forme particulière l'hypocrisie revêt chez les différents types, quels sont les sentiments qui inspirent l'hypocrite, à quels mobiles il obéit, suivant qu'il appartient à telle classe ou à telle autre ; pense-t-on, disons-nous, qu'en procédant de cette manière on ne parviendrait pas à découvrir une foule de nuances nouvelles et plus délicates ? Et, si l'on voulait se rapprocher encore davantage du concret et peindre, non plus seulement tel vice, mais tel homme, avec sa nature complète et engagé dans les liens sociaux ; ne trouverait-on pas encore dans la classification naturelle un guide méthodique, qui permettrait de reconstruire l'individu et, le plaçant dans un milieu donné, d'en faire jouer tous les rouages ?

Ainsi donc, dire d'un homme : il est hypocrite, il est ambitieux, il est avare, c'est le caractériser d'une façon trop générale : car il peut y avoir des hypocrites, des ambitieux et des avares dans les diverses classes ; bien que certaines d'entre elles se prêtent peut-être plus que d'autres à recevoir tel défaut ou telle qualité. C'est ainsi que l'émotionnel, le passionné, l'apathique, s'ils sont hypocrites, le sont différemment : que l'émotionnel apporte dans ce vice sa nature fuyante et indécise ; le passionné, ses emportements et son besoin de dominer; l'apathique, sa maîtrise de lui-même et sa réflexion.

Or, si l'on examine successivement de ce point de vue nos diverses tendances, depuis celles qui sont liées à la conservation de l'individu ou de l'espèce, c'est-à-dire les tendances proprement égoïstes et les tendances sociales et morales, jusqu'aux tendances esthétiques, scientifiques, religieuses ; si, disons-nous, l'on examine ces tendances, on voit que toutes peuvent également s'expliquer par la nature générale de notre sensibilité. A toutes, par conséquent, les remarques que nous avons faites s'appliquent. Prenant par exemple l'amour de la famille, de la patrie, l'amour du vrai, du beau, du bien, l'amour de Dieu, il est possible d'étudier ces divers sentiments, non plus seulement dans leur généralité et pour ainsi dire *in abstracto*, mais tels qu'ils se manifestent, qu'ils s'expriment dans chaque classe : de sorte que l'étude du caractère aura fait faire un pas nouveau à la psychologie des sentiments, qui, à son tour, réagira sur la science, encore à son début, des caractères.

CONCLUSION

L'Éducation du Caractère

CONCLUSION

L'Éducation du Caractère

Nous voudrions, en terminant, nous demander quel profit l'éducateur pourra tirer de notre classification. De notre travail tout entier, semble sortir cette conclusion que le caractère peut changer et se modifier. Cependant, comme le fait a été contesté, il ne sera sans doute pas inutile d'examiner brièvement les arguments par lesquels on a prétendu démontrer qu'il était immuable.

I. — Dans ses *Recherches physiologiques sur la vie et la mort*, Bichat distingue en nous deux vies, l'une *organique*, l'autre *animale* : la première, qui est le terme où aboutissent et le centre d'où partent les passions ; la seconde à laquelle appartient tout ce qui est relatif à l'intelligence. Or, si l'éducation modifie prodigieusement, selon lui, les actes de la vie animale, c'est-à-dire les fonctions intellectuelles, elle ne peut en revanche avoir aucune action, ni sur le tempérament physique, ni sur le *caractère moral*, qui est lié à la vie organique.

Schopenhauer a repris cette thèse, et l'on sait qu'il distingue le *caractère intelligible* et le *caractère empirique*. Le caractère intelligible est, selon lui, choisi par un acte libre de la *Volonté* dans le monde nouménal, en dehors de l'espace et du temps ; et le caractère empirique, avec ses déterminations successives, n'est que la traduction ou le développement du caractère intelligible dans le monde des phénomènes. Or, le caractère intelligible ne peut changer dans son essence, et ses manifestations sensibles n'en peuvent être que l'expression rigoureuse. Les motifs que lui fournit l'intelligence ne sont pour lui que l'occasion de mettre au jour les diverses puissances qu'il enveloppe. Si le caractère intelligible est bon, il reste bon, quels que soient les motifs ; mais, s'il est égoïste ou porté à la méchanceté, il n'appartient pas davantage aux motifs d'en changer la nature. « Sur un caractère égoïste [1], » les motifs égoïstes auraient seuls prise : tout ce qui » pousserait à la pitié ou à la méchanceté serait non avenu ; » un tel homme ne sacrifiera pas plus ses intérêts pour tirer » vengeance d'un ennemi que pour aider un ami. » Et, plus loin : « Il n'y a de prépondérant pour chacun (des caractères) » que de certains motifs, ceux auxquels il est le plus sensible ; » ainsi parmi les corps ; tel ne réagit que sur les acides, tel » autre, que sur les bases : et ces dispositions sont également » impérieuses d'un et d'autre côté. »

Faudra-t-il donc se résigner à n'avoir jamais aucune prise sur la direction de la conduite ? Telle n'est pas la pensée de Schopenhauer. On peut, suivant lui, corriger les idées, et permettre à la volonté de s'exprimer avec plus de logique, de clarté, de décision. D'un mot, si on ne change pas la fin que la volonté se propose, on peut, tout au moins, changer le chemin qu'elle se fraye pour y arriver. Mais, pour ce qui est de changer l'espèce des motifs auxquels la volonté obéit, cela est encore plus impossible, que « de changer le plomb » en or. »

Ce pouvoir de modifier notre caractère que Schopenhauer nous refuse, Stuart Mill, au contraire, nous l'accorde. Etant donnés l'individu et le milieu dans lequel il se trouve placé, l'action qui résulte de leur conflit est sans doute déterminée ;

---

[1] Schopenhauer. *Le fondement de la morale*. Traduct. Burdeau. Chap. III, § 20.

mais, si l'individu change, l'action devient différente. Or l'individu, suivant le philosophe anglais, peut se transformer peu à peu, par une suite de progrès lents : et c'est même dans ce pouvoir que l'individu possède d'agir sur lui-même, que consiste, suivant lui, la liberté.

On peut remarquer que Stuart Mill admet, aussi bien que Schopenhauer, quelque chose de permanent et de donné ; et ce quelque chose semble bien être, en définitive, l'ensemble des prédispositions et des tendances dont la réunion forme, dès l'origine, le caractère de chacun. « Les enfants qui naissent » parmi nous, dit Bourget [1], ont déjà dans les rides de leur » petit visage, et dans les plis de leurs petites mains, l'em- » preinte définie d'un caractère. » Il s'agirait donc de savoir si ce donné primitif peut se modifier. Schopenhauer lui-même admet que le caractère, s'il est immuable dans son fond, peut varier au moins quant à la forme. Or, s'il en est ainsi, n'est-ce pas là tout ce qu'il nous faut ? Loin de nous, en effet, la pensée de méconnaître la grande puissance des instincts et de l'hérédité. Nous savons qu'il y a dans la destinée de chacun de nous une part de fatalité à laquelle nous ne pouvons pas nous soustraire. Il nous suffit que, dans certaines limites nous ayons prise sur notre caractère ; et il est facile de constater que, même dans ces limites, l'influence de l'éducation va très-loin. Des enfants nés vicieux et remplis de dispositions morbides, deviennent des hommes très-honorables, s'ils sont élevés à la campagne au milieu des travaux rustiques et dans une société d'honnêtes gens. Les mauvaises fréquentations, d'autre part, et une éducation mal dirigée, sont capables de dépraver les natures les mieux douées moralement.

II. — Ce qui frappe tout d'abord dans le caractère, c'est la complexité extrême de ses éléments. C'est le sentiment fondamental de l'existence, nous l'avons vu, qui sert de base au

---

[1] P. Bourget. *Essais de Psychologie contemporaine* (art. sur Stendhal).

caractère ; et cet état général, comme le remarque M. Ribot, si l'analyse pouvait faire usage du microscope, se résoudrait en une myriade d'états particuliers, qui sont eux-mêmes l'effet d'une myriade d'excitations vagues de l'organisme. C'est sur ce fond que se détachent les états affectifs, puis au-dessus, et formant comme une couche nouvelle, les états représentatifs ; et le caractère est le composé extrêmement instable que forment, par leurs combinaisons en nombre infini, ces myriades d'états différents.

Ce n'est pas tout. Les états affectifs et représentatifs, aussi bien que les phénomènes organiques, sont soumis à la loi de l'hérédité. Or, c'est bien par le père et la mère que l'hérédité se transmet ; mais eux-mêmes avaient reçu de leurs père et mère et de leurs ascendants cet héritage. L'individu est donc le résumé des instincts, des passions, des sentiments d'innombrables générations : il est comme le point de concentration de toutes ces tendances, modifiées par toutes les influences qu'elles ont subies, dans les différents individus d'où il dérive et qui l'ont précédé [1].

En même temps qu'il appartient à une famille, l'individu appartient à une province, à une nation, à une race dont il porte les traits, et l'on en peut dire autant de chacun de ses ascendants. Or, si l'on songe au nombre incalculable des combinaisons qu'ont pu produire les unions entre les individus, les familles, les races, on reste confondu devant la perspective qu'une telle considération nous ouvre, non seulement sur le nombre, mais encore sur la diversité, et même sur la contrariété des éléments qui peuvent entrer dans la composition d'un caractère.

Quelle que soit pourtant cette diversité, elle est ramenée

[1] « Oui, oui, je me souviens : J'écoute. Je savoure.
» Chantez, chantez plus fort, chantez tous à la fois,
» O globules! Battez vos marches de bravoure!
» Les voilà mes aïeux, les voilà! Je les vois. »
                    Richepin (*La Chanson du sang*).

dans l'individu à l'unité. L'organisme est, en effet, comme son nom l'indique, un appareil d'organisation. En outre, une fois formé, le facteur personnel peut systématiser ses tendances et résister à la masse confuse des penchants, qui sont en lui, mais qui ne sont pas lui. Ce qui, d'ailleurs, est le plus stable en nous, c'est le résultat des expériences accumulées qui se sont enregistrées dans la suite des générations; et ce qu'il y a de moins stable, au contraire, est ce qui nous vient de notre expérience personnelle et de nous-même.

Outre que l'enfant apporte en naissa   une certaine somme de tendances qu'il a héritées de ses ancêtres, son caractère et ses dispositions mentales dépendent aussi, dans une certaine mesure, de l'état dans lequel se trouvaient ses parents au moment de la procréation ; et, de plus, pendant la période de gestation, la plus légère influence peut avoir sur le développement de l'embryon une portée considérable.

Une fois l'organisme formé, l'influence des causes extérieures sur la conformation de l'individu n'est plus aussi grande : elle est encore considérable cependant. L'expérience commence pour l'enfant dès le berceau, et toutes les impressions qu'il ressentira désormais, surtout pendant l'enfance et la jeunesse, auront, en ce qui concerne la formation, l'évolution définitive de son caractère, le cours, la direction de ses pensées et de ses sentiments, une importance capitale.

L'organisme, qui est lui-même le produit d'un nombre infini d'expériences accumulées, se met alors à enregistrer pour son propre compte les impressions qu'il reçoit ; et il serait étrange vraiment que cette action incessante qu'exercent l'un sur l'autre l'organisme et le milieu, il serait étrange que cette action, qui s'est manifestée et transmise par la voie de l'hérédité, cessât brusquement, et que la chaîne qui unit les générations fût brisée chez un individu.

L'enfant se trouve donc jeté, dès la naissance, dans un milieu physique et moral qui agit sur lui, et sur lequel lui-même réagit. L'organisme est d'abord façonné par le climat, la configuration du sol, la nature des aliments. Mais une influence bien plus grande est celle qu'exercent sur l'enfant les personnes qu'il a continuellement devant les yeux, ses parents, et surtout son père et sa mère, les conseils qu'il reçoit de ceux qui lui sont chers, les conversations qu'il entend, les idées et les sentiments, les mœurs, les croyances de ceux qui l'entourent. Tout cela forme une sorte d'atmosphère vivante, au milieu de laquelle l'enfant vit et se meut, qui le pénètre, et qui lui donne la forme relativement fixe qu'il a acquise, quand il est parvenu à l'âge adulte.

III. — Le caractère pourra donc se modifier. Il s'agit maintenant de déterminer les limites de ces modifications. On a assez souvent exagéré l'influence du milieu sur l'homme, et, par suite, de l'éducation. Taine semble croire que le milieu explique tout l'individu ; et Balzac [1] n'expose pas une théorie différente, quand il affirme que la société fait de l'homme, suivant les milieux où son action se déploie, autant de types différents qu'il y a de variétés en zoologie. L'école dite *sensualiste* a d'ailleurs été dans ce sens, au siècle dernier, aussi loin que l'on peut aller, puisque Ivétius [2] a pu dire « que » tous les hommes naissent égaux et avec des aptitudes » égales, et que l'éducation seule fait les différences. »

Aujourd'hui, que la doctrine de l'évolution a définitivement supplanté celle de « la table rase », et depuis les nombreux et brillants travaux qu'a suscités l'hérédité, on serait plutôt tenté de restreindre l'influence de l'éducation et du milieu. L'expérience individuelle s'effacerait devant l'expérience de la famille et de la race, et cette seconde nature artificielle que l'éducation crée en nous recouvrirait, sans l'entamer, notre nature véritable. La tendance des partisans de l'hérédité serait donc de réduire à son minimum l'influence que le

[1] Balzac. *La Comédie humaine.* Avant-propos.
[2] Helvétius. *De l'Esprit.* 3e Discours.

milieu physique et social, partant, que l'éducation peut exercer sur la formation du caractère.

Dans son beau livre sur l'*Hérédité psychologique*, M. Ribot essaye, semble-t-il, de tenir la balance égale entre les deux opinions, et il croit ramener l'influence de l'éducation à ses justes limites, en disant qu'elle n'est jamais absolue et qu'elle n'a d'action efficace que sur les natures moyennes. Que cette influence ne soit pas absolue, nous l'avons nous-même déclaré, et il est possible, en effet, que les natures moyennes soient celles sur lesquelles cette influence est la plus grande. Mais la différence de plasticité qui distingue les individus, résulte de la nature de leurs facultés, plus encore que de leur degré.

Là où l'influence de l'éducation est la plus grande, cependant, peut-elle aller, comme le fait parfois la maladie, jusqu'à produire dans le caractère un changement complet ? Il se présente, en effet, des cas d'anesthésie cutanée, où le malade, dont la conduite a toujours été excellente, se livre subitement aux plus mauvaises tendances. Dans d'autres cas, par suite d'un mauvais état de la circulation et de la nutrition, le malade devient insensible à tout, et n'a plus d'affection pour rien ; à tel point que la mort même de ses proches, des personnes qui lui étaient chères, le laissent froid et indifférent. Or, une transformation aussi radicale du caractère peut-elle se produire sous l'influence de l'éducation ?

Il est un cas souvent cité, qui peut jeter un jour considérable sur la question qui nous occupe : c'est le cas du duc de Bourgogne, l'élève de Fénelon, qui, au dire de St-Simon, était devenu aussi humain, modéré, patient, modeste, pénitent, qu'il avait été dur, empo..é, violent, et même porté aux plaisirs et à la cruauté dans son enfance. N'est-ce pas là, semble-t-il, un changement aussi complet que l'on puisse l'imaginer, et ne paraît-il pas que l'on ne puisse plus concevoir au delà qu'un changement de personnalité ?

Il y a pourtant, suivant que les changements dans le

caractère sont produits par l'éducation ou par l'état de santé des organes, une complète différence. En vertu de l'intime corrélation des phénomènes de la vie corporelle et des phénomènes mentaux, tout changement dans l'état des organes, et surtout du système nerveux, doit nécessairement s'accompagner d'un changement dans le caractère ; et ce changement peut parfois devenir une transformation radicale. Mais, quand l'évolution de l'organisme suit son cours régulier et normal, la transformation du caractère ne peut pas être aussi complète ; et le cas du jeune duc de Bourgogne peut servir lui-même à le prouver. Si, en effet, l'élève de Fénelon n'avait pas possédé tout au moins le germe des sentiments tendres, ce dernier n'aurait pas pu les faire éclore; et, s'il parvint à discipliner la nature profondément rebelle de son élève, c'est que, à côté de ces instincts brutaux, qui seuls se seraient révélés à un œil moins éclairé et moins exercé que le sien, ce précepteur de génie sut découvrir, unis à une intelligence très vive, des trésors de sensibilité.

Si donc, en changeant l'état de notre corps, la maladie peut modifier la base physiologique du caractère, le pouvoir de l'éducation, quoique très grand, ne va pas sans doute aussi loin. Opposer les uns aux autres des instincts et des senti- ments, développer les bons par l'exercice et laisser s'atro- phier les mauvais, donner par d'habiles groupements la suprématie aux premiers : tel est en effet, tel peut être seulement ce pouvoir. Dans la mêlée des penchants qui luttent et s'efforcent, l'éducateur ne fait qu'apporter son appui bienveillant aux uns, et les aider à se grouper contre les autres.

De là résultent les limites que rencontre nécessairement l'éducateur. Il est dans tout caractère donné un fond, en quelque sorte irréductible, que l'éducation ne peut changer. Malgré toutes les ressources dont elle peut disposer, l'édu- cation ne peut rien sur ce tréfonds de l'âme humaine. Que l'on songe, par exemple, à ce qu'est l'éducation d'un prêtre :

« Dès l'enfance, dit M. Jules Lemaître [1], on le prend, on
» l'isole du grand troupeau humain, on plie son corps et
» son âme aux pratiques religieuses. Au petit séminaire, les
» exercices se multiplient : tous les jours messe, chapelet,
» méditation, lecture spirituelle ; tous les dimanches, caté-
» chisme et sermons ; confession et communion fréquentes ;
» à quinze ou seize ans la soutane. Au grand séminaire, la
» séquestration morale se complète : les pratiques pieuses,
» toujours plus nombreuses et plus longues, pétrissent
» l'âme, lentement et invinciblement... » Voilà donc une
âme sur laquelle pèse de tout son poids, depuis l'enfance, la
plus forte institution qui fût jamais. Chez aucune *espèce
sociale* n'apparaissent sans doute, aussi distincts, les traits
marqués par la profession. Et pourtant, comme en témoi-
gnent les figures de prêtres étudiées par Ferdinand Fabre,
l'éminent historien des mœurs cléricales, chacun d'eux n'en
conserve pas moins sa physionomie propre.

Le nombre des changements que l'on pourra produire
dans un caractère donné est donc, dans une certaine mesure,
limité. Sur le thème fondamental que nous fournit et que nous
impose la nature, ne peuvent se dessiner qu'un nombre, très
grand sans doute, mais néanmoins déterminé, de variations.

IV. — La question qui se pose maintenant est donc de
savoir quelles sont les limites entre lesquelles le caractère
d'un individu donné peut varier. Or, la nature a pris la peine
de tracer elle-même ces limites. La masse confuse des tendances que l'individu a héritées de ses ancêtres lui est
imposée : il la reçoit des mains de la nature, et cette masse
n'est pas autre chose que la matière dont son caractère sera
fait. Le caractère n'est pas une pâte molle que l'on puisse
pétrir à sa guise, ce n'est pas une masse homogène que l'on
puisse convertir à son gré en « dieu, table ou cuvette » : c'est un

[1] Jules Lemaître. *Les Contemporains*, deux. série (*Ferdinand Fabre*).

mécanisme complexe et profondément délicat, qu'il faut connaître, si on veut le modifier.

La première tâche de l'éducateur nous paraît être, par conséquent, d'étudier le naturel de l'enfant qui lui est confié. « Il faut, disait Montaigne, laisser trotter le jeune esprit. » L'éducateur laissera au caractère de l'enfant le loisir de s'exercer, de s'exprimer en liberté, de manifester, en un mot, les ressources qu'il peut contenir. Il suivra l'enfant dans son travail et dans ses jeux, dans ses rapports avec ses camarades, avec ses parents, avec ses maîtres : il observera sa conduite au dedans de l'école et au dehors. Les exercices scolaires lui seront également très utiles pour le discernement de ses tendances. Le degré d'ardeur qu'apporte l'enfant au travail, sa constance, sa fermeté en face des difficultés qui se présentent, ou au contraire le peu de vigueur et l'irrégularité de ses efforts, lui fourniront des indications très précises sur le mode de sa volonté. Sa sensibilité elle-même, son degré d'émotivité, se manifesteront dans une partie de ses travaux. Mais les renseignements que l'éducateur puisera à cette source auront besoin du contrôle d'une autre expérience : il devra s'assurer si le degré, si la nature de la volonté et de la sensibilité de l'enfant sont les mêmes dans la vie pratique. Ainsi se compléteront l'une par l'autre l'observation directe et l'observation indirecte.

Naturellement, ce que les travaux scolaires permettent surtout à l'éducateur d'étudier, c'est l'intelligence de l'enfant. C'est ainsi qu'il pourra apprécier la nature et le degré de sa mémoire, son imagination, son jugement, son aptitude à raisonner, à penser ou non des idées ; et, puisque la sensibilité et la volonté se reflètent dans l'intelligence, partant de cette dernière faculté, il pourra remonter aux deux autres et, par l'intermédiaire de l'intelligence, déterminer la nature du caractère lui-même et des tendances.

On a coutume, il faut l'avouer, de juger les enfants d'une façon bien peu précise. Aussi arrive-t-il souvent que l'élève qualifié d' « inintelligent » réussisse dans la vie, tandis que l'élève qualifié au contraire d' « intelligent » ne réussit pas. Combien ne serait-il pas plus utile de déterminer la nature de l'intelligence, de rechercher si la mémoire est vive ou lente, tenace ou fugitive, si c'est une mémoire visuelle ou auditive, si elle retient plus facilement les idées, les images ou seulement les mots, et de faire un travail du même ordre en ce qui concerne le raisonnement, l'imagination.

Une fois déterminé de cette manière l'organisme intellectuel de l'enfant, n'aurait-on pas par là-même sur son caractère des indications précieuses? Rapprochant les découvertes que l'on aurait faites sur ses facultés affectives d'une part, sur ses facultés intellectuelles d'autre part, ne comprendrait-on pas mieux à la fois les unes et les autres? Ne connaîtrait-on pas ainsi l'enfant tout entier, dans sa nature intime, et non plus seulement dans quelques parties très-superficielles de lui-même?

Le travail préliminaire que nous venons d'indiquer fournira la possibilité d'établir ce qu'on peut appeler le *caractère intelligible* de l'enfant. On sait ce que Schopenhauer entendait par cette expression. Toutefois nous donnons à ce mot une autre signification, et le caractère intelligible est pour nous, non le caractère absolu, mais le caractère idéal : il est ce caractère qui est comme enfoui en nous, et dont la nature a pris la peine de tracer les linéaments. Ce caractère est en quelque sorte fixé d'avance dans nos instincts, dans nos tendances, mais seulement à l'état d'ébauche. C'est à nous d'en poursuivre les traits. L'éducateur devra se faire comme un portrait embelli du caractère de l'enfant, et l'avoir continuellement devant les yeux. Aussi l'œuvre de l'éducation demande-t-elle beaucoup d'abnégation, de dévouement. Le maître doit se déprendre en quelque sorte de lui-même : il faut qu'il s'oublie et se donne, qu'il cherche à rendre ses disciples semblables, non pas à lui, mais à eux-mêmes. De cette manière, le but que nous poursuivons, à savoir de déterminer les limites entre lesquelles pourra évoluer le caractère de l'enfant, se trouvera atteint : car le caractère intelligible de chacun est aussi distinct de tous les autres que son caractère empirique.

Cet idéal que l'éducateur dégage de la nature particulière de l'enfant, il doit ensuite le lui présenter, le lui communiquer comme un modèle. Poussant jusqu'au bout l'abnégation, il doit mettre l'enfant en état de se passer de lui. L'œuvre de l'éducation est, au fond, d'aider l'enfant à prendre la conscience, la direction de lui-même; et le maître a rempli sa tâche s'il parvient à se rendre inutile, si l'enfant, devenu homme, n'a plus besoin d'appui. Une éducation bien conduite doit rendre l'enfant capable de poursuivre lui-même et d'achever l'œuvre du maître.

Mais aussi voit-on par là combien est grande la responsabilité de celui qui assume la lourde tâche, tâche ingrate entre toutes, pour celui qui n'y met pas tout son cœur, de faire l'éducation d'un enfant. La moindre erreur, en effet, peut lui être funeste : l'éducateur n'a pas le droit de se tromper. Le maître agit sur son élève par une sorte de suggestion incessante. Il doit donner à l'enfant la formule de ses bons instincts, et ne pas lui donner celle des mauvais. « La suggestion, dit
» Guyau[1], est l'introduction en nous d'une *croyance pratique*
» qui se réalise elle-même; l'art moral de la suggestion peut
» donc se définir : l'art de *modifier un individu en lui persua-*
» *dant qu'il est ou peut être autre qu'il n'est.* Cet art est un des
» grand ressorts de l'éducation. Toute éducation doit même
» tendre à ce but : convaincre l'enfant qu'il est *capable du bien*
» *et incapable du mal,* afin de lui donner en fait cette puis-
» sance et cette impuissance. »

On voit combien la tâche est délicate, et combien un maître inhabile peut faire de mal sans le vouloir, et avec les meilleures intentions. N'entend-on pas dire à chaque instant d'un

---

[1] Guyau, *Éducat. et Hérédité*, p. 17 (Alcan).

enfant : il est *hypocrite*, il est *sournois*, il est *paresseux*, il est *méchant* ; et l'on ne s'aperçoit pas qu'en le disant, on le rend par là même tout cela. Tout en nous rendant compte de ses défauts, nous devons au contraire apporter dans le signalement moral de l'enfant une attention bienveillante. « Il suffit » bien souvent, dit encore le même philosophe, de dire ou » de laisser croire à des jeunes gens qu'on leur suppose telle » ou telle bonne qualité, pour qu'ils s'efforcent de justifier » cette opinion. Leur supposer des sentiments mauvais, leur » faire des reproches immérités, user à leur égard de mauvais » traitements, c'est produire le résultat contraire. »

Cependant ce n'est pas un portrait de fantaisie qu'il nous faut tracer de l'enfant. Il faut, en quelque sorte, extraire de sa nature ce qu'elle renferme de bon. Un être ou un objet quelconque peut être envisagé sous différents angles. Il faut envisager l'enfant sous l'angle le plus favorable. Tout en ayant une conscience très nette des défauts qu'il faudra réprimer en lui, il faut, par la révélation de ses bons instincts, de ses bons sentiments, lui donner à lui-même la force de lutter contre eux. Et l'on voit par là de quelle importance est la détermination de ce caractère idéal dont nous parlions précédemment. L'humanité n'est pas divisée en deux camps opposés : les bons et les méchants. Elle se compose d'individus, complètement différents les uns des autres en tant qu'individus, et qui, suivant les circonstances, suivant le lieu et le moment, peuvent se développer dans telle direction ou dans telle autre. L'œuvre de l'éducation est précisément de donner à l'ensemble des tendances qui constituent l'individu la direction la meilleure.

V. — L'éducateur, pour accomplir son œuvre, possède une matière et un modèle. La matière, c'est l'ensemble des instincts, des sentiments, des tendances que contient l'âme de l'enfant; le modèle, c'est le caractère idéal qu'il en a dégagé. Il s'agit maintenant de modeler cette nature donnée sur ce modèle. Comment sera-t-il nécessaire de s'y prendre ?

Les différents caractères ne peuvent pas évidemment être traités suivant une règle uniforme. Il y a des règles qui sont particulières à chaque classe. Or, ces règles, on pourra encore les déduire de la classification.

Pour commencer par l'*amorphe*, nous avons dit de lui qu'il ne possédait ni sensibilité, ni volonté. Il ne pourra donc être question de lui donner, ni une sensibilité bien vive ou bien profonde, ni une volonté bien forte. Sera-t-il impossible cependant de corriger, dans une certaine mesure, le manque de l'une et de l'autre ? Le ton du système sensitif et du système moteur est, chez lui, au plus bas degré. Peut-être ne serait-il pas impossible d'agir sur eux physiologiquement. La thérapeutique, en certains cas, n'est pas à dédaigner ; et peut-être des exercices physiques bien conduits donneraient-ils en partie à l'amorphe ce qui lui fait défaut.

De la sensibilité et de la volonté, l'amorphe, d'ailleurs, possède tout au moins le germe. Ce germe, l'éducateur devra le recueillir, le surveiller précieusement et le faire fructifier. Mais ce qu'il devra surtout s'efforcer de lui donner, c'est un peu de stabilité ; et il y parviendra s'il développe en lui, en même temps que les pouvoirs sensitif et moteur, le pouvoir d'inhibition.

La sensibilité de l'*affectif*, nous l'avons vu, quoique vive, manque de profondeur. A lui aussi, il faudra donc donner ce qui lui manque : c'est-à-dire le pouvoir d'éprouver des émotions. Mais, comme l'émotion peut engendrer la passion, il s'ensuit qu'on pourra également lui communiquer celle-ci. L'éducation, en effet, n'a pas toujours pour but d'extirper de nous la passion ; mais elle a parfois au contraire pour office de nous la donner. Comme d'ailleurs l'affectif est, lui aussi, essentiellement versatile, il faudra faire en sorte également de le fixer. Chez lui, par conséquent, comme chez l'amorphe, se fera sentir le besoin de développer et d'accroître le pouvoir d'inhibition : d'où il suit que l'éducation du caractère est, pour une grande part, l'éducation de la volonté elle-même.

Comme les deux types qui précèdent, l'*émotionnel* est souvent un instable. Il faudra donc développer en lui la volonté, et la développer suivant les lois de sa nature. En d'autres termes, il faudra cultiver en lui certaines émotions et le mettre en état de les opposer aux émotions d'un autre ordre.

En ce qui concerne la sensibilité, le défaut contre lequel il convient de le garantir est la sensiblerie, à laquelle conduisent, s'ils ne sont pas contrebalancés par d'autres, les sentiments tendres. Il ne faudra donc pas craindre de développer, en lui aussi, la passion. Ce qui lui manque, et ce qu'il convient de lui donner, c'est l'énergie, la vigueur. Aussi, les sentiments tendres étant de par leur nature altruistes, ne craindrons-nous pas de dire qu'il convient de développer en lui l'égoïsme : non pas sans doute un égoïsme bas, violent ou grossier ; mais cet égoïsme légitime, qui consiste à prendre conscience de sa force, à la manifester au besoin, et à ne pas toujours, et dans toutes rencontres, se sacrifier.

Pour ce qui touche au *passionné*, en intervertissant les rôles de la passion et de l'émotion, nous pourrions presque répéter terme pour terme ce qui vient d'être dit. Bien que doué de sentiments énergiques, et bien qu'il possède parfois une volonté forte, le passionné, en effet, est assez souvent un instable. Il faudra donc lui apprendre à opposer les unes aux autres ses passions, et à subordonner les passions basses aux passions nobles et généreuses.

Comme sa volonté est souvent assez rude, on pourra d'ailleurs l'atténuer, l'adoucir par l'émotion. Il faudra donc développer en lui le système sensitif, ce que l'on pourra faire directement ou indirectement : car le système moteur agit sur le système sensitif ; et la passion, d'autre part, est unie à l'émotion.

L'*apathique* semble, au premier abord, échapper à toute

action. Nous avons pu constater déjà qu'il est plus facile
d'agir sur l'émotionnel que sur le passionné, et que, si l'on
peut imposer à l'émotionnel sa volonté, en s'adressant à son
cœur et à ses sentiments, c'est une tactique bien plus compliquée et bien autrement délicate qu'il faut employer, pour
amener le passionné là où l'on veut. De même nous avons
vu, en opposant l'apathique à l'amorphe, que, si la difficulté,
en ce qui concerne ce dernier, est, non pas certes de le modifier,
mais de rendre durables les modifications que l'on produit
en lui ; la difficulté, en ce qui concerne l'apathique, est, au
contraire, de vaincre la résistance qu'il oppose à toute
modification.

Il n'est pas impossible, cependant, de vaincre cette force de
résistance que présente l'apathique. Sa sensibilité est, il est
vrai, très peu développée, et, de plus, si le pouvoir d'inhibition
existe chez lui à un très haut degré, le pouvoir moteur proprement dit, au contraire, fait défaut. Mais il faut, dans tout
caractère donné, profiter des ressources qu'il peut contenir.
Or, ce qui prédomine chez l'apathique, par suite de l'absence
de sensations, de passions et d'émotions : c'est l'idée. C'est
donc cette dernière surtout que l'éducateur doit mettre en
œuvre, et, s'il parvient à convaincre l'apathique, il a alors
pour auxiliaire la force même qui primitivement s'opposait
à son action. Il peut donc développer, dans une certaine
mesure, la sensibilité de l'apathique, et faire perdre à sa
volonté quelque peu de sa rigidité.

Quant à l'*affectif-passionné* et à l'*émotionnel-passionné*, il
faudra leur appliquer, en les combinant, les règles qui con-
viennent à l'affectif et au passionné d'une part, à l'affectif et à
l'émotionnel de l'autre ; et, en ce qui concerne le *tempéré*, chez
lequel les systèmes sensitif et moteur et le pouvoir d'inhibition
s'équilibrent, il suffira simplement d'aider la nature.

Mais, dira-t-on, appliquer les règles qui précèdent, n'est-
ce pas tomber dans ce défaut de niveler les caractères ; n'est-ce
pas aller contre la règle que nous avons posée, de respecter la

nature individuelle de chacun? Nous ne le pensons pas, si du moins l'éducateur a soin, tout en appliquant ces règles, d'avoir toujours devant les yeux le modèle qu'il doit réaliser. Les règles que nous venons de formuler ne peuvent donner de fâcheux résultats que si on les applique mal. Le but que l'on veut atteindre et les moyens à employer sont ici deux choses différentes, qu'il faut distinguer très nettement. Si l'on ne consultait que les moyens, il semblerait que l'on voulût faire de tous également des tempérés. Mais, d'une part, la nature résiste ; et, d'autre part, l'idéal que l'éducateur s'est tracé par avance l'empêche de tomber dans cette erreur. Si ce dernier voulait faire violence à la nature, il sait bien qu'il perdrait sa peine et ne pourrait que la fausser. Cependant, tout en agissant dans le même sens qu'elle, il peut néanmoins la régler. Celui qui cultive les plantes respecte la nature de chacune, mais, au lieu de laisser la végétation livrée à elle-même, il l'ordonne et la discipline. Ainsi doit-il en être de la culture bien autrement délicate des caractères. Ici aussi l'on a affaire à des espèces différentes, dont chacune doit être traitée différemment. Le caractère, que sa définition même déclare être la marque propre de l'individu, et qui varie suivant les groupes, a été conçu jusqu'ici comme une sorte d'entité très générale. Par suite, les règles que l'on pouvait ainsi découvrir concernant son éducation ne pouvaient être que bien vagues. Il y a là une lacune à combler. Nous ne prétendons pas l'avoir fait, mais peut-être avons-nous montré la voie dans laquelle il fallait s'engager pour y arriver.

Vu et lu,
En Sorbonne, le 5 février 1902,
par le Doyen de la Faculté des Lettres de Paris.
CROISET.

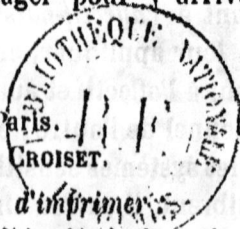

Vu et permis d'imprimer,
Le Vice-Recteur de l'Académie de Paris,
GRÉARD.

TABLE DES MATIÈRES

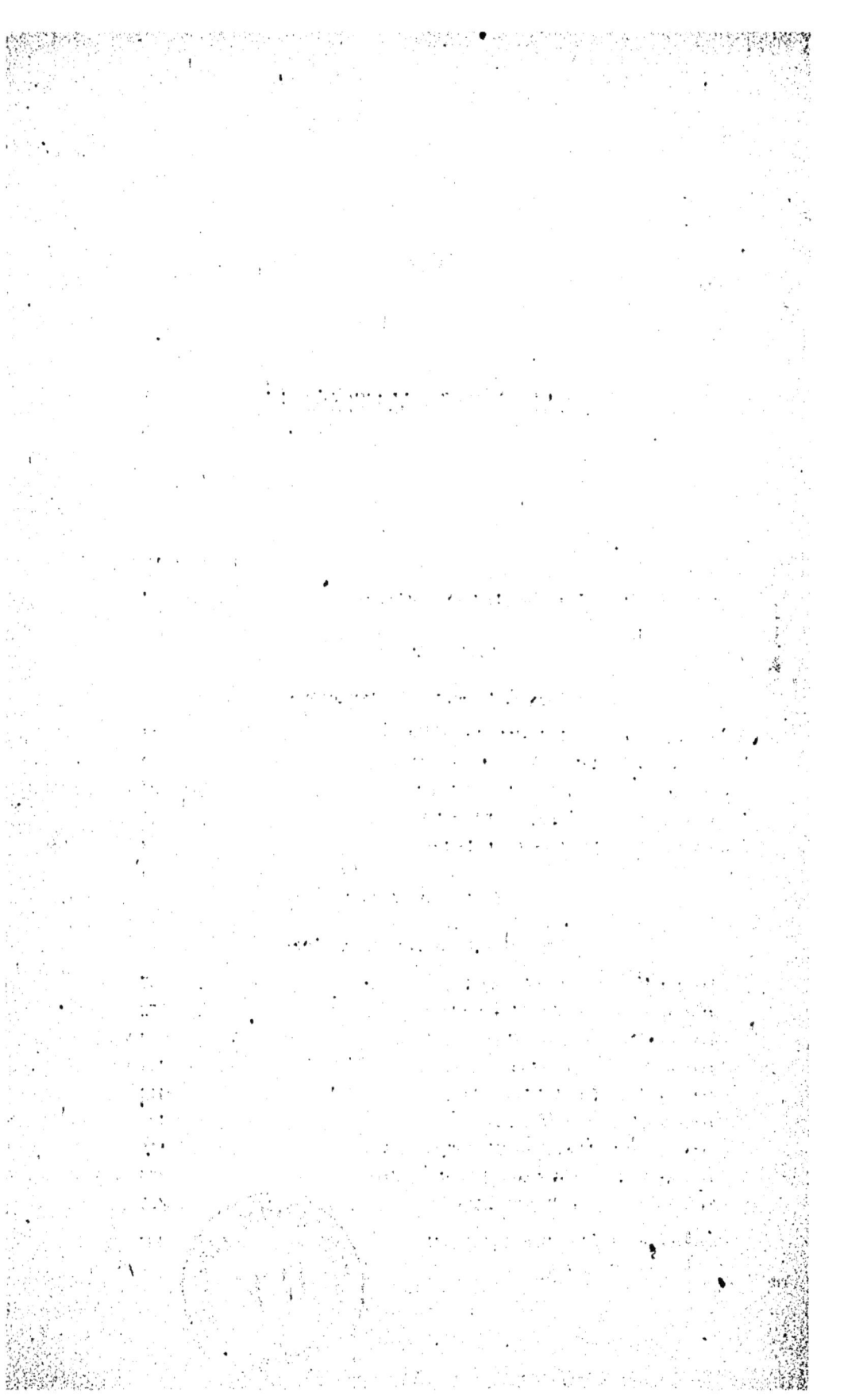

LILLE. — IMPRIMERIE LE BIGOT FRÈRES

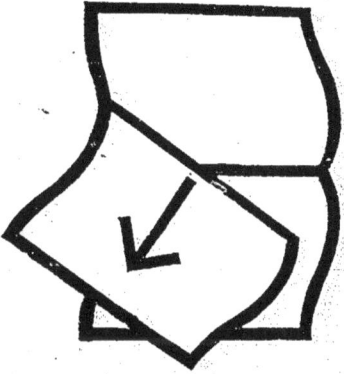

Documents manquants (pages, cahiers...)

NF Z 43-120-13

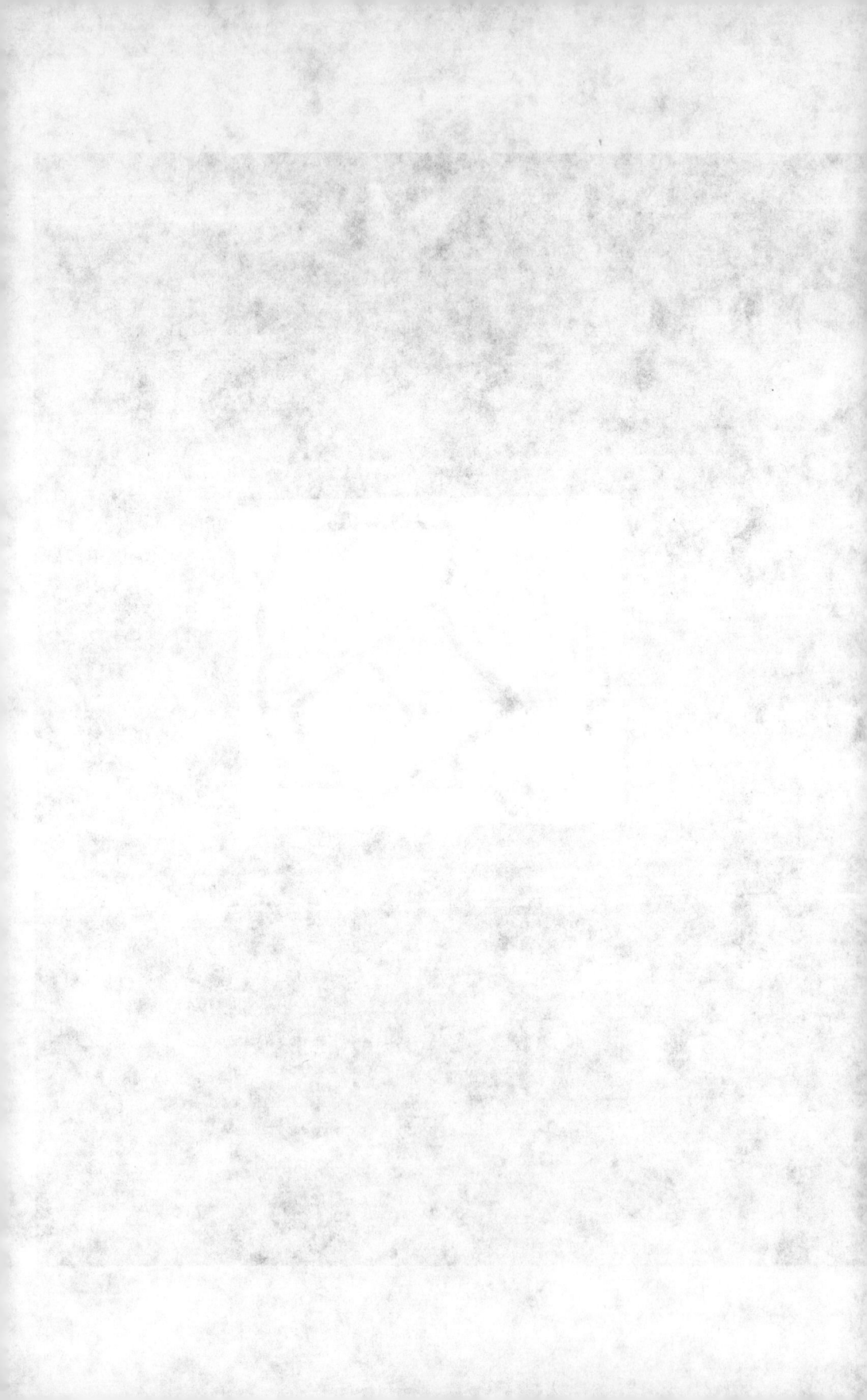

www.ingramcontent.com/pod-product-compliance
Lightning Source LLC
Chambersburg PA
CBHW062225270326
41930CB00009B/1871